亚历山大大帝领导力案例研究

领导者是天生的吗

[荷] 曼弗雷德·凯茨·德·弗里斯 著
(Manfred F. R. Kets de Vries)
[瑞典] 伊丽莎白·恩格劳 著
(Elisabet Engellau)
黄小鹏 译

ARE LEADERS BORN OR ARE THEY MADE?

人民东方出版传媒
People's Oriental Publishing & Media
東方出版社
The Oriental Press

图字：01-2010-4600 号

图书在版编目（CIP）数据

领导者是天生的吗：亚历山大大帝领导力案例研究 / (荷) 曼弗雷德·凯茨·德·弗里斯，(瑞典) 伊丽莎白·恩格劳著；黄小鹏译. — 北京：东方出版社，2019.6
（曼弗雷德管理文库）
书名原文：Are Leaders Born or Are they Made?
ISBN 978-7-5207-0807-4

Ⅰ.①领…　Ⅱ.①曼…②伊…③黄…　Ⅲ.①领导学—通俗读物　Ⅳ.①C933-49

中国版本图书馆CIP数据核字（2019）第030970号

领导者是天生的吗：亚历山大大帝领导力案例研究
（LINGDAOZHE SHI TIANSHENG DE MA：YALISHANDA DADI LINGDAOLI ANLI YANJIU）

作　　者：［荷］曼弗雷德·凯茨·德·弗里斯　［瑞典］伊丽莎白·恩格劳
译　　者：黄小鹏
责任编辑：刘晋苏
出　　版：东方出版社
发　　行：人民东方出版传媒有限公司
地　　址：北京市朝阳区西坝河北里51号
邮　　编：100028
印　　刷：万卷书坊印刷（天津）有限公司
版　　次：2019年6月第1版
印　　次：2019年6月第1次印刷
印　　数：1—5000 册
开　　本：880毫米×1230毫米　1/32
印　　张：7
字　　数：168千字
书　　号：ISBN 978-7-5207-0807-4
定　　价：58.00元
发行电话：（010）85924663　85924644　85924641

亚历山大大帝石棺，局部，伊斯坦布尔考古博物馆

罗马
塔兰图姆
洛克里
锡拉库扎
马其顿王国
色雷斯
黑海
爱琴海
格拉尼卡斯
戈尔迪乌姆
雅典
萨迪斯
托罗斯
伊苏斯
克里特岛
地中海
塞浦路斯
西顿
提尔
昔兰尼
亚历山大港
帕拉托尼亚
利比亚
马特鲁
埃及
阿拉伯半
尼罗河
色弗尼
红海
努比亚
亚历山大帝国
附属国
亚历山大征程

亚历山大大帝的帝国

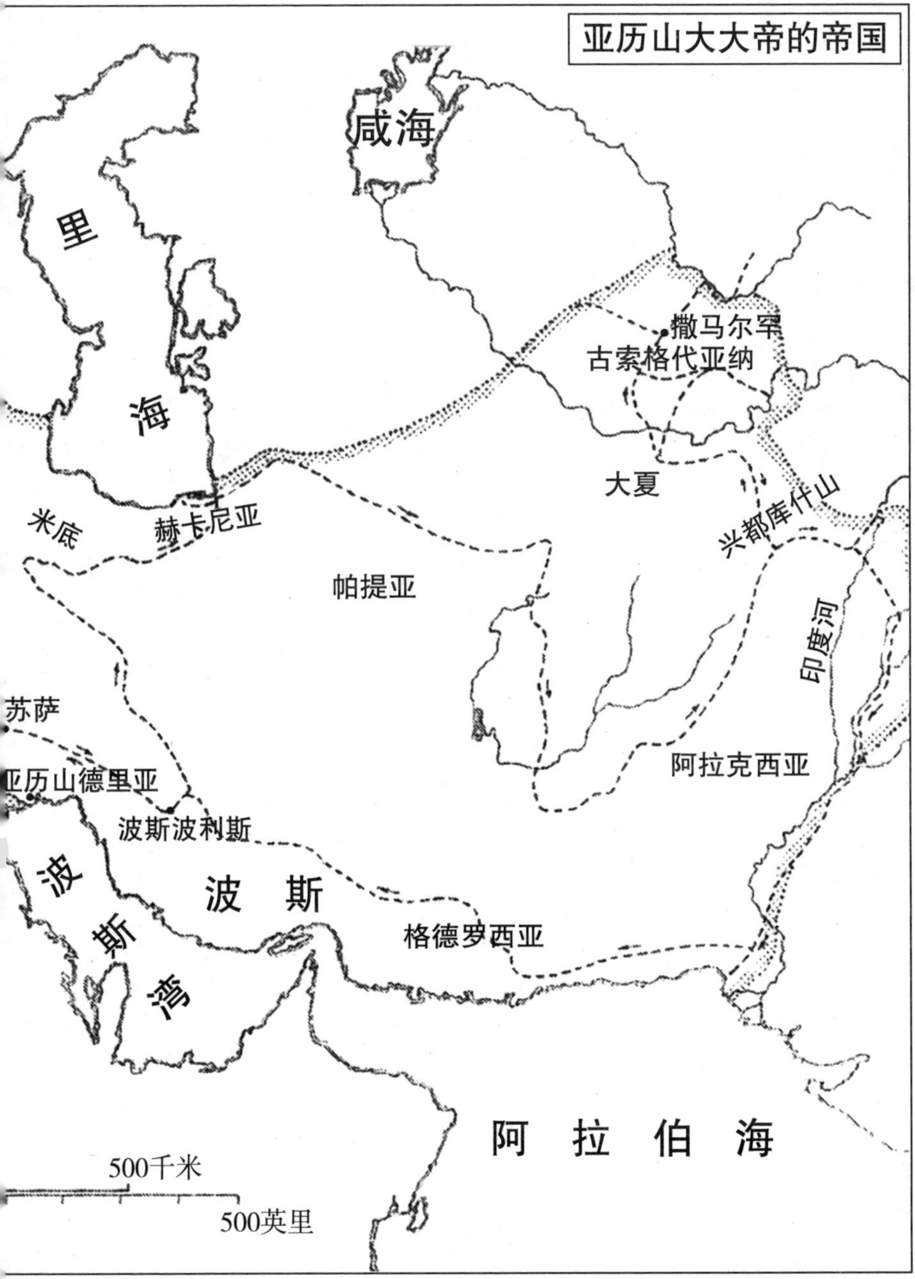

亚历山大大帝的帝国
咸海
里海
撒马尔罕
古索格代亚纳
大夏
米底
赫卡尼亚
兴都库什山
帕提亚
印度河
苏萨
阿拉克西亚
亚历山德里亚
波斯波利斯
波斯湾
波斯
格德罗西亚
阿拉伯海
500千米
500英里

目录

ARE LEADERS BORN OR ARE THEY MADE

THE CASE OF ALEXANDER THE GREAT

在古代的雕像作品中，即使孩童时代的亚历山大也是勇敢健壮、雷厉风行、热爱学习的。父子两人都极其野心勃勃，争强好胜。亚历山大就像一匹赛马，渴望赶上并超越父亲征服的疆域。少年时代他就跟朋友抱怨："我父亲将处处压制着我。他没有留下任何可以让你我展示给这个世界看的丰功伟绩了。"

尽管功勋卓著，但是亚历山大觉得父亲并没有完全认可他在与劲敌作战中的作用。不过，亚历山大表现出来的力量和勇气在马其顿将士间为他赢得了巨大声望和尊重。这种声望，成为他 20 岁时父亲被害后最坚固的支持。卡洛尼亚之战后，马其顿人就开始传言，说菲利普是他们的将军而亚历山大是他们的国王，这种传言使菲利普很不高兴。

亚历山大虽然很有才华，很有力量，但是却有一个突出的弱点：他不能巩固他的帝国。管理一个稳定的国家这样的工作不适合他。他被驱使着不断前进，不断去征服，就是无法停下来。

尽管亚历山大的统治以混乱收尾，但是他的传奇即使到今天也仍然鲜活。亚历山大的探索和征服仍然在与人类的想象力对话，也记录在欧洲、非洲和亚洲的传奇中。在波斯，亚历山大被看成是双角神（Sikander，因为画像时他总爱戴上阿蒙神的两只公羊角）。阿富汗部落人和希腊渔民都把他看成是祖先的守护神。而世界各地的很多人则把他视为领袖的典范。

意义管理是高效领导力不可或缺的。高效的领导者直接向其追随者的集体想象力发表讲话。他们清晰地描绘并与听众分享自己的梦想，对未来的状态作出栩栩如生的描述，触动听众最无意识的神经，从而创造一种群体认同感。他们拥有一种令人不可思议的能力，可以将其内心世界外化并展现在公众的舞台上。他们知道怎样使个人理想和历史时刻契合，通过使用语言、仪式、符号和环境来孕育意义管理这个过程。

亚历山大改变了世界本身——而非仅仅它的边界。在他之前，主导世界文明的是东方文化——波斯人、埃及人，以及巴比伦人。亚历山大一次性永远地改变了世界的焦点。从他的时代开始，罗马人和希腊人统治的西方社会开始领跑世界。一次次胜利，一次次凯旋，他创建的帝国使他成了神话。

关于作者

在已被广泛研究的领导力和个人与组织动力学领域，曼弗雷德·F.R.凯茨·德·弗里斯教授引入了全新的观点。凭借他在经济学（经济学博士学位，阿姆斯特丹大学）、管理学（国际教师项目参与者、MBA 和 DBA 学位，哈佛大学商学院）以及精神分析学（加拿大精神分析学会、巴黎精神分析学会和国际精神分析学会）等领域的知识和经验，弗里斯教授仔细研究了国际管理、精神分析、心理治疗、动态精神病学和高管教练之间的关系。他感兴趣的具体领域包括领导力、职业动态学、高管心理压力、创业精神、家族企业、企业继承计划、跨文化管理、高绩效团队建设以及企业转型和变革的动态变化。

弗里斯教授是欧洲工商管理学院（INSEAD，在法国、新加坡和阿布扎比开设有分校）领导力发展和组织变革领域的杰出临床教授。他是 INSEAD 全球领导力中心的创始人。该中心是世界上最大的领导力发展中心之一。此外，他还是欧洲工商管理学院高级管理课程“领导力的挑战：培养你的情商”项目的主任，以及管理学硕士项目“带来变革的咨询和辅导”的负责人，并曾五次获得该学院的杰出教师奖。他还是柏林欧洲管理与技术学院（ESMT）领导力发展研究领域的杰出客座教授。他曾在麦吉尔大学、蒙特利尔高等商业学院和哈佛商学院担任教授，并在世界各地的管理机构讲学。

英国《金融时报》《经济学人》，法国《资本》杂志，德国《经济周刊》都将弗里斯教授评为全球顶尖的领导力研究学者。他名列“全球最具影响力的 50 位管理思想家”，并被认为是在人力资源管理领域最有影响力的人物之一。

弗里斯教授是 40 多本书的作者、共同作者或编辑者，包括《神经质组织：诊断并改变不良管理风格》《领导、傻瓜和骗子》《管理快车道上的生与死》《领导的奥秘》《幸福等式》《领导者是天生的吗》《俄罗斯新商业精英》《恐惧领导力：阁楼上的夏卡祖鲁》《全球高管领导力清单》《教练与沙发》《沙发上的领导》《沙发上的家族企业》《性、金钱、幸福与死亡》《性格与领导力反思》《领导力与职业生涯反思》《组织的反思》《领导力教练万花筒》《刺猬效应：打造高绩效团队的秘诀》《正念领导力》。还有几本书在准备中。

此外，弗里斯教授已经发表了 400 多篇学科论文，包括书籍中的章节和独立文章。他还撰写了大约 100 个案例研究，其中 8 个案例获得了“ECCH 年度最佳案例奖”。他是许多杂志的固定撰稿人。他为《哈佛商业评论》和《INSEAD 知识》写作博客。他的文章刊登在《纽约时报》、《华尔街日报》、《洛杉矶时报》、《财富》、《商业周刊》、《经济学人》、《金融时报》和《国际先驱论坛报》等刊物上。他的书籍和文章已被翻译成 31 种语言。

弗里斯教授是《管理学会》编委会的 17 个成员之一，并当选为管理学学会的会员。他是国际精神分析研究组织（ISPSO）的创始成员，并被授予终身会员资格。由于对领导力研究和发展的杰出贡献，他也是获得国际领导力协会终身成就奖的第一位非美国人；他被认为是世界领导力发展领域与规范的创始学者之一。由于他对咨询领域的贡献，美国心理学基金会授予他哈里和莱文森奖（组织咨询方面）的荣誉。在荷兰，他因其在管理和精神分析领域的贡献而被授予弗洛伊德奖。他还获得了哈佛领导力辅导学院的卓越远景奖。此外，他还获得了两个荣誉博士学位。

弗里斯教授是美国、加拿大、欧洲、非洲和亚洲顶尖公司在组织设计、转型和战略性人力资源管理领域的顾问。作为领导力发展领域的全球顾问，他的客户来自 ABB、荷兰银行、埃森哲咨询、荷兰全球人寿、法国液化空气公司、加拿大铝业、阿尔卡特、阿布扎比先进技术投资公司、贝恩咨询、奥陆芬音响、邦尼集团、英国石油公司、凯恩酒店集团、德意志银行、爱立信、通用电气资本、高盛、喜力、哈德森、联合抵押银行、天达、毕马威、乐高、利宝保险、汉莎航空、灵北制药、麦肯锡、澳大利亚国家银行、诺基亚、诺华制药、诺和诺德、起源、南非米勒酿酒、壳牌、喜威、史宾沙、南非标准银行、三方对话银行、联合利华和沃尔沃汽车。作为一名教育家和顾问，他曾在40多个国家工作过。在担任顾问期间，他还是Kets de Vries研究所（KDVI）的创始人。该研究所是一家从事高端领导力发展咨询的公司。

荷兰政府授予他奥兰治－拿骚官佐勋章。他是第一位在蒙古国飞钓的人，还是纽约探险家俱乐部的成员。在工作之余，他的足迹遍布非洲中部的雨林与草原、西伯利亚的针叶林、帕米尔高原和阿尔泰山、阿纳姆地乃至北极圈。

推荐序　老板桌后

文 / 肖知兴

2007 年的现象级电影《穿普拉达的女魔头》中，著名女演员梅里尔 · 斯特里普塑造了一个典型的精神病态的（psychopathic）女老板：自信自恋，气场强大；沉着冷静，无所畏惧，享受冲突；为达目的不惜一切手段，善于操纵和利用别人，对于自己的非道德行为没有任何歉疚心理。这个女老板的表现，几乎完全符合牛津大学心理学家凯文 · 达顿在《异类的天赋》一书中对这种类型的人格障碍（personality disorder）的描述。与一般的精神病态相比，这个女老板因为身在时尚行业，还要加上强迫症和控制狂的一些典型症状。一个职场小白，如何在这样变态的一个女魔头的淫威之下讨生存，人们不由得对安妮 · 海瑟薇扮演的小实习生捏一把冷汗。

《穿普拉达的女魔头》的最后，小实习生毅然决然地放弃了女老板认为"一人之下，万人之上"的职位。在公司门口，女老板与小实习生有一次意味深长的对望。那一瞬间，女老板在想什么？也许她在想“总有一天，你会像我一样”？8年之后，扮演小实习生的安妮·海瑟薇自己也成了大明星，主演了一部《实习生》，果真变成了一个类似的女老板，成天颐指气使，吹毛求疵，看见别人眼中的刺，看不见自己眼中的梁。还好，在罗伯特·德尼罗扮演的“老实习生”的帮助下，这一次，女老板找回了自己，实现了内心的平和与家庭的平衡。

西方文化整体而言崇尚个性、尊重差异，加上大家平均的职业化程度较高，一般人都懂得“don’t take it personally”（不是针对你个人，不要太在意）的道理，所以对职场上的精神病态的行为接受度较高。很多明星级的老板如乔布斯、马斯克，身上都有这种施虐型人格的影子。与之相比，中国文化高度重视人际关系的和谐，强调与人为善的传统，对于这种类型的行为模式的接受度总体应该更低。例如，英文形容人是一个“nice guy”，其实是很弱的表扬（如果不是批评的话）；中国人说“谁谁谁是一个好人”，往往是蕴含了强大道德性和情感性内容的一种很高的褒扬，二者完全不在同一个量级上。

领导力发展行业的基础是组织行为学的研究，其有效性的前提是，这个人的心理相对比较健康，有基本的自我观照、自我觉察和自我反思能力。所以，这个行业的专业工作者在工作中碰到精神病态等各种人格障碍，是一件很无奈的事情。例如，前不久，一个小有名气的老板来参加我们的一个企业家学习活动。他的公司刚上市，体量可能比当时在场的大多数人的企业大一些。他注意到这个情况后，说话的声音就开始越来越大。在一个同学表达了要成为千亿级企业的梦想之后，他开始抑制不住地嘚瑟：“什么千亿级企业？你们见过千亿级企业吗？千亿级企业老板都是与什么人交朋友你们知道吗？”云云。大家见过找存在感的人，没见过以这种方式找存在感的人，整个会场，瞬间“石化”。

这种老板，在“dog eat dog”（指强势竞争文化）的西方职场中，也许不算什么大问题；但在注重涵养和城府的中国社会，我可以断定，几乎预示了他将来不妙的结局。当然，语言上的冒犯，与行动上的冒犯相比，算不了什么。最近，中国某著名电商公司创始人的“强奸案”和某著名制药企业创始人的“杀妻案”的各种细节透露出来，大家可以看看这种精神病态发展到行为冒犯层面的时候，能有多么可怕。而社会大众和公共舆论，对这种行为模式的惩罚力度，又将有多大。创业者本来就是比较异类的人，再加上他们肩负各种巨大的压力，他们发生心理健康和人格障碍问题的概率比普通人更大，忽视这个问题，对员工、对企业、对社会都是一个巨大的风险。

关于企业家的心理健康和人格障碍，我的母校 INSEAD（欧洲工商管理学院）的曼弗雷德・凯茨・德・弗里斯教授是西方学术界绕不过的一座灯塔。从二十个世纪七十年代开始，他花了近半个世纪研究这些问题，横跨学术界与实践界，发表了三百多篇论文并出版了四十多本书，组织了无数高层培训和咨询项目，影响了欧美国家千千万万的企业和企业家。他的所有著作的清单，打印出来，最少几十页。西方一线学者有多敬业、多专注、多勤奋，凯茨·德·弗里斯是一个非常好的正面典型。

凯茨·德·弗里斯几乎单枪匹马，把 INSEAD 变成世界领导力研究与发展的中心之一。不为人知的是他这些年经历的一些艰难的挑战。行为心理学成为西方学术界主流之后，弗洛伊德的心理分析学成为一个少数派，甚至被一些人认为是“巫术”。凯茨·德·弗里斯却一直强调他的心理分析学背景，和基于心理分析学的心理动力学（psychodynamics）及心理治疗学（psychotherapy）范式，可以想见，主流心理学学术圈是怎么看他的。自从 80 年代他与著名组织学者 Dan Miller 在主流学术期刊发表《神经质组织》后，主流心理学界、组织学界基本就找不到他的名字了。

还要一个原因是，凯茨·德·弗里斯的写作风格基本沿袭的是欧洲管理学界的传统，偏人文，偏跨学科，行文常常是旁征博引，如入无人之境，与美国 A 级学术期刊的偏定量、偏专业术语，讲究“无一字无来历”的行文风格，形成鲜明的对比。所以，他的文章，一般都发表在偏欧洲风格的学术期刊（如 *Organizational Dynamics*，*Human Relation*）上；他的书的出版者，一般也不是那些有严格的同行评审程序的学术出版社（如西方主要大学的出版社）。

我在 INSEAD 读博士时，凯茨·德·弗里斯不在组织行为学（Organizational Behavior，OB）系，而是在创业与家族企业系；不是核心的、行使各种学术权力的 tenue-track professor（终身轨教授），而是相对边缘的 clinic professor（临床教授或实践教授），可以想见他在学校地位的尴尬。过来人告诉我，有一段时间，他甚至差点面临被学校解聘的情况，幸好当时在 INSEAD 的另外一位管理大师明茨伯格及时出手，危机才算化解。

当时，我们这些少不更事的博士生，每天浸淫在典型的美式研究的各种套路当中，对于凯茨·德·弗里斯的遭遇，还不免有些轻薄之心，就像财务、运营等定量学科，嘲笑偏定性的 OB 代表的是“Organizational Bullshit”一样。定量研究嘲笑定性研究，正式模型嘲笑数理统计，大家人云亦云地一起跟着鄙视链走，哪里知道这种鄙视和反鄙视背后的辛酸与无奈。多少年轻的学术梦想，在这种狭隘的对峙中灰飞烟灭。

当然，与德鲁克长期得不到学术界的接受，甚至直到今天仍为一些人所轻薄相比，凯茨·德·弗里斯这点尴尬，就算不了什么了。西方管理学界的这种理论界与实践界、理论知识与实践知识相互脱节的奇怪情况，也是管理有多复杂，管理学有多复杂的一个很好的注脚。权力、派系、资源……象牙塔内的斗争，甚至比象牙塔外面还要更为激烈、更为不择手段、更为“精神病态”。所以，如果没有一定的使命感与责任感的支持，大家还是离这个学科远一点为妙。

学术界倾向于认为，信息技术的发展、传播的便利、各种娱乐方式的大繁荣、全球化导致的竞争加剧，也许都在某种程度上加大了人们平均的精神变态的程度，或者说，至少是加大了人们对各种精神变态的接受程度。例如，第一代硅谷创业者如 Dave Packard、Bill Hewlett（惠普公司创始人）、Andy Grove（英特尔公司前 CEO）看起来都是温和儒雅的谦谦君子，到了乔布斯、马斯克时代，却仿佛印证了 Andy Grove 的那句话：唯有偏执狂才能生存，唯有偏执狂才能成功。对事的偏执狂，大家容易接受；对人的偏执狂，就离人格障碍和精神病态不远了。

难道这个世界必然要被《穿普拉达的女魔头》那样的疯子、变态和怪人所主导？我倾向于没那么悲观。心理学的维度之外，还有一个神学的维度。我写下这篇文章的时候，巴黎圣母院刚刚燃起熊熊大火。与很多人认为这标志着法国和欧洲信仰的失落相反，我反而认为这也许是他们的宗教文化之复兴的一个转折点。这种宗教文化，强调英国作家 C.S. Louis 所定义的 agape（上帝之爱、无缘无故的爱）的力量，对于维护人们的心理和精神健康，遏制精神病态尤其是企业界的精神病态扩散的趋势，将起到一般中国人难以想象的巨大作用。

反倒是我们中国有些人，好像除了对金钱，包括金钱代表的地位和金钱所能购买的东西以外，对其他东西，都鲜见坚定的信仰，未来将如何应对这个问题，更让人担心。大火之后，巴黎圣母院的主体结构还在，我们的“巴黎圣母院”呢，早就不知道经历过多少次大火了。我在《以热爱战胜恐惧》中总结的正念、良知与天命三个概念，算是在文化的废墟里努力拣起一些相对完整的碎片吧。这样一片瓦砾遍地、尘土飞扬的土地上，技术演进的巨轮还在越转越快，娱乐至死的文化还在愈演愈烈，没有底线的资本用更大的力量让用户上瘾，看那一张一张麻木的脸，因为过度使用电子产品而逐渐失去血色。这些东西，将把我们带向何方？

我没有答案。

（作者为领教工坊联合创始人）。

序言

在这个网络泡沫如日中天的时代，常有记者问我，“新经济”（new economy）环境下，领导力（leadership）有什么新的含义。我一般都会告诉他们：“那根本不是什么新经济，不过是旧经济辅以新的科技手段罢了。”我试图跟他们解释，很多很完善的领导原则其实古已有之。例如，正像我指出的，亚历山大大帝时代的很多领导原则在今天就仍然适用。我还提醒各位记者，对荣誉的追求是永恒的活动。从古代到现代，荣誉一直是一种群体追求。拿破仑·波拿巴（Napoleon Bonaparte）曾说过：“荣誉转瞬即逝，平凡才是永恒！”

就新的领导形式这一问题，同样的话我已经说过很多次，我觉得应该对亚历山大的领导风格做一更深入的研究，或许会发现在新的经济形势下，我以前对领导力这一问题的看法太过轻率了。于是我埋头研读亚历山大的故事，一本接着一本，完全被吸引了。亚历山大的功勋曾经引起了无数学者及普通人的遐想，今天我也被他的故事俘获了。

通过探索亚历山大的生平来研究领导力的历史这一课题是一次引人入胜的旅程。没想到，这一旅行竟勾起了我的回忆。我记得小时候我对“戈尔迪之结”（The Gordian Knot）非常着迷——传说解开这个千缠百绕结的人将成为整个亚洲的王者。儿时的脑海中一直存留着亚历山大巧妙的解决之道：他将戈尔迪之结挥刀劈开。另一个（或许不足为信）伴随我儿童时代的故事是，有一天亚历山大哭了，原因是没有世界可以让他再去征服了。

对我而言，不论是孩童时代还是成人以后，这位征服者代表的就是这样一种信念，即对那些坚持不懈的人而言没有什么是不可能的。亚历山大就是怀有无限抱负、拥有无尽欲望，并且为此不懈奋斗的楷模。任何留下他足迹的地方，他都可以像尤利乌斯·恺撒（Julius Caesar）那样宣称：“我来了，我看到了，我征服了（Veni，vidi，vici）。”他胸怀梦想，是一个面向人类集体想象力演讲的梦想家。正如威廉·莎士比亚在《哈姆雷特》中所说的：“梦想实际就是野心，因为野心家的实质不过是梦想的影子而已（Dreams indeed are ambition. For the very substance of the ambitious is merely the shadow of a dream）。”

这本小书的撰写能够顺利开始，我要感谢我的妻子，也是

亚历山大大帝，维尔吉纳（Vergina）马其顿王墓出土的象牙制品

合著者伊丽莎白·恩格劳的帮助。她的艺术史背景使得追溯“领导力”这一概念起源的旅程从审美角度讲更加引人入胜。她就像但丁的比阿特丽丝（Dante’s Beatrice），帮我挑选了能够强化内容的图片。另外，她对领导心理学的深刻理解使她能在我成书过程中提出尖锐而有益的批评。因为她贡献巨大，我特将她列为合著者。

本书顺利完成，我还要感谢我在欧洲工商管理学院商学院举办的两场领导力问题研讨会的参会者们：一场是高端管理研讨会，另一场其讨论主题是“领导力的挑战：开发你的情商”，还有一场主题为“变迁的协商与培训”（coaching and consulting for change）的研讨会也将于近期举办。我们就领导力问题提出一系列假设，在检验这些假设的过程中，与会者们做出了重大贡献。在与大家的交谈过程中，我发现在很多方面生活其实就犹如一面镜子：你的感知因为你自身内在的现实而附着了颜色。我还要感谢欧洲工商管理学院国际领导力研究中心的其他同人：苏德希尔·卡卡尔（Sudhir Kakar）、罗杰·雷曼（Roger Lehman）和埃里克·范·德·洛欧（Erik van der Loo）。

最后，我要感谢欧洲工商管理学院允许我并为我研究这些冷门话题（至少对于商学院来说是这样）提供场所。研究部门和研究委员会的同人们，特别是阿尼尔·葛巴（Anil Gaba）、兰迪尔·格贝尔（Landir Gabel）和埃利森·詹姆斯（Allison James）为我的研究工作提供了巨大的帮助。我的私人助理舍拉・洛克海姆（Sheila Loxham）在管理那些时常天马行空的人这一方面有突出的才能。我很欣赏她的这种能力和她乐观的态度：她总能看到光明的一面。我研究项目的经理人伊丽莎白・佛罗伦（Elizabeth Florent）为我们的领导力研究小组创造了良好的工作环境，使我能投入大量的时间进行写作。我还要感谢才华横溢的编辑凯西・瑞基斯塔德（Kathy Reigstad），她将我那日耳曼式的刻板文本转变成了颇具文采的、可读性很强的文字。过去几年里，她教了我很多关于语法的东西，尽管我怀疑她忘记的比我需要学的还多。

写作仍然是通向内心的一趟旅程。偏见——视觉和感觉上的扭曲——是这一过程的一部分。本书中关于亚历山大的内容纯属个人看法。虽然关于这个人我们已经论述颇多，但是他身上还有很多我们没有看到的东西。就像发生在所有男男女女名人身上的一样，伟大注定要被误解。

曼弗雷德・F. R. 凯茨・德・弗里斯

法国巴黎

前言

就个人而言，我没有资料，无从推知亚历山大是怎么想的，也不愿去做什么猜测。不过，有一点我可以说，那就是亚历山大的计划。无论什么计划，都不乏雄心壮志，这一点我也不怕别人反驳。即使他将帝国从亚洲拓展到欧洲又拓展到不列颠群岛，他也不会悠悠然地去享受他的征战成果。相反，他会继续探索那些未知的疆域，他的本性如此，如果他没有了对手，则会一如既往地去超越自己。[Arrian，*The Campaigns of Alexander*（pp.348–349）]

真正的满足并不在于我们拥有什么；对于第欧根尼（Diogenes）而言，一只浴盆已经足够之大，而对于亚历山大，整个世界尚显渺小。[Charles Colton，*Lacon*]

亚历山大大帝从心理上看跟精神病人同属一个类型，尽管他拥有实现精神病人梦想的才能。[Bertrand Russell, *The Conquest of Happiness*]

本书旨在研究领导力的心理动力学，换言之，就是探索领导者的心态。为了更好地理解到底什么是有效的领导力，本书要去研究一位著名的领导者的内心世界——古往今来最著名的领袖之一，马其顿王国的亚历山大大帝。亚历山大终其一生东征西战，其疆土覆盖了今天的土耳其、黎巴嫩、以色列、埃及、叙利亚、伊拉克、伊朗、阿富汗以及印度的一部分。他的一生向我们展示了成就一位伟大领袖的心理动力。本书所关注的就是我们可以透视其个性的那些动力和生活片段。他生活的细节就留由其他的书山卷海去探索吧。①

本书选取临床视角研究亚历山大的个性和行为。应用发展心理学（developmental psychology）的概念、家庭系统理论（family system theory）、认知理论（cognitive theory）、动力精神病学（dynamic psychiatry）、精神疗法（psychotherapy）和精神

① 对亚历山大的研究要有所创新确实不易，因为古往今来关于他的著述已达 30 000 多种，而新的研究成果也以每年至少一卷的速度出现。虽然有 20 多位亚历山大同时代的人写过关于这位伟大的帝王的书籍或文字，但是他们早都去世，使得研究变得复杂。这些著作的存在只能通过后世作者的引文才能得知，而他们也未必就忠实于原著。

分析学（psychoanalysis）来理解他的行为和活动。通过研究突出展示了亚历山大领导风格的心理维度，同时，本书也从亚历山大的行为中总结出了他留给我们的有关领导问题的启示。

ARE LEADERS BORN OR ARE THEY MADE

THE CASE OF ALEXANDER THE GREAT

第一部分

历史溯源

宙斯－阿蒙之子亚历山大，铸币，剑桥费茨威廉（Fitzwilliam）博物馆

第一章　搭建舞台

ARE LEADERS BORN OR ARE THEY MADE

THE CASE OF ALEXANDER THE GREAT

在古代的雕像作品中，即使孩童时代的亚历山大也是勇敢健壮、雷厉风行、热爱学习的。父子两人都极其野心勃勃，争强好胜。亚历山大就像一匹赛马，渴望赶上并超越父亲征服的疆域。少年时代他就跟朋友抱怨：“我父亲将处处压制着我。他没有留下任何可以让你我展示给这个世界看的丰功伟绩了。”

亚历山大大帝，历史上最伟大的将军，古代最有权力的人物，公元前356年生于马其顿佩拉（Pella）（Baynham，1998；Bosworth，1988；Bury & Meiggs，1983；Freeman，1999；Green，1991；Hammond，1998；Hogarth，1977；Lamb，1945；Stewart，1993）。虽然马其顿人的疆域已经扩展至今天希腊北部的塞萨洛尼基（Thessaloniki），他们仍将自己看成希腊文化圈的一部分，但很多希腊人却很鄙视他们。在希腊人眼里，马其顿人只不过是正宗血统上的一个旁支。他们操希腊方言，受落后的君主制度统治，而且他们的贵族（比野蛮人也强不了多少）只知道追逐那些男人的享乐，打猎、纵酒、嬉戏、随便乱伦——不过乱伦行为倒是与男女都有关。

父母不和

公元前359年，时任马其顿国王的帕迪卡斯三世（Perdiccas III）阵亡疆场。皇位本应由其幼子阿敏塔斯（Amyntas）继承，其弟弟菲利普（Philip，亚历山大大帝的父亲）摄政。但是菲利普篡夺了侄儿的皇位，加冕自己为菲利普二世国王。这大胆的举措为马其顿的财富在短期内骤然膨胀并跻身世界舞台打下了基础（Cawkwell，1981）。

菲利普国王，曾师从埃帕米农达（Epaminondas，亚历山大之前希腊最优秀的军事战略家），是一位杰出的统治者和战略家。他仅用了几十年的时间就征服了希腊大部分。他很幸运，因为马其顿拥有丰富的金银矿藏，为其提供了——特别是在帝国扩张时——只有波斯的大流士王（King Darius）才能与其匹敌的财源支持。这些财富使他得以维持一支巨大的雇佣军，并且在有政治需要时有财力收买周边王国和城邦的高官。

作为马其顿的统治者，菲利普国王对马其顿的事务具有绝对的控制权。他是一位精明的政治家，政治嗅觉灵敏，会使手段，让其他政客互相争斗。他将马其顿从一潭死水变成希腊世界最强大的城邦之一——这就是其指挥才能、外交才能和卓越

菲利普国王，金质奖章浮雕，公元前 3 世纪

的领军才能的证明。

亚历山大的母亲，奥林匹亚斯（Olympias）是伊庇鲁斯（即今天的阿尔巴尼亚）国王尼奥托勒密（Neoptolemus of Epirus）王的孤女。公元前357年秋因为政治联盟嫁给菲利普，目的在于维护与这个具有潜在麻烦的邻居的关系。

奥林匹亚斯容貌出众，但却脾气暴躁、品性固执，当这些特点与智慧集于她一身时，就使得她成为一个复杂的、极难相处的人。根据当时的资料记载，奥林匹亚斯可能是一个残忍、固执、任性、阴郁而又挑剔的人。她几乎不会隐藏或控制自己的感情，情绪很容易从一个极端走向另一个极端。在亚历山大童年大部分时间，争强好胜的奥林匹亚斯和菲利普（菲利普和她）都在争吵。

奥林匹亚斯将对狄俄尼索斯（Dionysus）的崇拜引入宫廷，她极其热衷神秘的仪式和火把下的生育仪式。她频繁参加女信徒们祭祀酒神的狂欢活动（Maenadic frenzies），使亚历山大的童年生活更加混乱。作为一个忠诚的酒神祭司（Bacchant），她经常亲自主持仪式、杀牲祭祀豪饮畜血。据其同时代人记载，奥林匹亚斯更加怪诞的习惯是到处——包括在她的床上，豢养各种各样的蛇供宗教仪式之用，这一做法肯定极大地减少

奥林匹亚斯王后，金质奖章浮雕，公元前 3 世纪

了她的丈夫与她同床的次数（Plutarch，1973）。这些奇怪的习惯使那个时代本来就相信迷信的菲利普（和他的侍从们）不禁怀疑，奥林匹亚斯是不是一个拥有危险法力的女巫。

传说奥林匹亚斯是《伊利亚特》（*Iliad*）神话中的英雄阿基里斯（Achilles）的后代，而亚历山大的父亲菲利普二世则是宙斯之子赫拉克勒斯（Heracles）的儿子。奥林匹亚斯和菲利普都做过预言亚历山大投胎的梦，这些梦似乎更证明了亚历山大具有天生为王的特质。传说奥林匹亚斯刚刚嫁给菲利普就梦见一声霹雳，接着一个火球从她身上滚过，（然后落到地上蔓延开来）她就怀孕了（更广为人知的传说是宙斯掌管雷电）。菲利普国王梦见他在奥林匹亚斯子宫里封入一头狮子的形象。他邀请了当时最著名的先知来解梦（所以传说在继续），最后得出的结论是奥林匹亚斯怀孕了，他的孩子将具有狮子的特征（Arrian，1971；Lane Fox，1994）。

为了遵循马其顿的传统，菲利普还娶了四个小老婆，而且有很多情人（作为一个外交家，据说他每打完一场仗就娶一位妻子，为的是通过政治联姻向值得谅解的王国表示友好，以此来确保其王国的边界安全）。虽然奥林匹亚斯可以接受菲利普与别的女人（甚至男人）之间的风流韵事，但是任何对她——

王后——准王太后以及她的儿子作为王储及未来国王的位置的威胁，她都无法容忍。对这一位置的任何威胁都会激起她欲除之而后快的怒气。她的冷酷残忍早已经名声在外，而且她似乎已经做好了必要时铲除敌人的准备。菲利普和奥林匹亚斯还有一个女儿，名叫克里奥帕特拉（Cleopatra）。可以认为（鉴于他们之间这种争吵不休的关系），从那之后他们的性生活就结束了。

王后奥林匹亚斯唯一的真爱——彻底且吞噬一切的爱——就是对她唯一的儿子的爱。她猜忌多疑、报复心重、对亚历山大保护过度，不过亚历山大一生都很崇拜他的母亲。随着儿子日渐长大，她要确保他交际圈里的人多是自己娘家这边的人。她希望亚历山大也成为她的阵营而不是她丈夫的阵营里的一部分。作为那些神秘仪式的信徒，她每天都要祭拜诸神，亚历山大也在竭力效仿母亲。亚历山大长大成人后，极其虔诚，相信很多祭礼及祭坛的神示。他沉浸在荷马史诗中，生活在希腊诸英雄及诸神的世界里。他的一生都在寻求能引导自己道路的神示。受母亲的影响，酒神的祭祀仪式尤其令他着迷。

奥林匹亚斯给亚历山大讲故事（和菲利普的关系恶化后出于怨恨），说亚历山大的生父不是菲利普而是“万神之神”的宙斯，这更加燃起了亚历山大的兴趣，激发了年轻人的想象。后来，亚历山大追溯其祖先，一直到希腊最受人爱戴的半人半神的赫拉克勒斯那里。赫拉克勒斯以其超常的力量和勇气著称，正如他在十二场艰苦卓绝的战斗（包括杀死复仇女神的狮子）中表现的一样。

教育

亚历山大接受的教育，与当时的马其顿传统相比，已经算是相当高深了。13 岁以前，亚历山大一直待在家里，由其保姆拉尼斯［Lanice，皇家骑兵卫队卫队长克莱特（Cleitus the Black）的姐姐］照顾。17 岁的时候他走出拉尼斯的羽翼，开始接受莱昂尼达斯（Leonidas，奥林匹亚斯的一位亲戚）的严格训练。这位亲戚教授了他作为一位战神国王必须具备的体育技能，诸如骑马和击剑。同代人记录亚历山大在体育和竞技方面表现出了极高的天赋。在这一早期训练过程中，他还培养了自律克己的美德（Arrian，1971；Bosworth，1988）。

莱昂尼达斯严厉、苛刻而又专制，经常搜查亚历山大的东西，确保奥林匹亚斯没有偷偷给他什么奢侈品。溺爱孩子可不是他教育计划的一部分。亚历山大被灌输的是一种禁欲的观点，也因此在之后的南征北战中闻名远近：因为在他成年后短暂的生命中大部分时间都和士兵同吃同住，过着简朴的生活。

在亚历山大师从莱昂尼达斯训练期间，据说有一次年轻的王子在一个宗教仪式上很奢侈地将两大把香料扔进祭坛的火里。莱昂尼达斯训斥了他，说道："等你征服了香料遍地的领土，你可以随心所欲，将其全部扔掉，在没有做到这点之前，就不要浪费。"（Plutarch，1973，p.281）。那次训诫深深触动了年轻人。很多年后，当亚历山大占领了整个中东地区主要的香料供给地加沙后，他让人给莱昂尼达斯送去了十八吨乳香和没药，还有对诸神来说不怎么刺鼻的莱昂尼达斯当年说的话（Green，1991；Plutarch，1973）。

在早期的军事训练中，教授亚历山大的还有内臣利西马科斯（Lysimachus），这个人和莱昂尼达斯的兴趣爱好完全不同。利西马科斯教亚历山大怎样欣赏艺术，教他弹奏七弦琴。他深受亚历山大爱戴，喜欢称自己为亚历山大的阿基里斯的长生鸟（Phoenix to Alexander's Achilles）。由于受到老师的鼓励，亚历山大后来成为音乐家、演员、画家、作家和建筑师的赞助人。

据说在利西马科斯的熏陶下，亚历山大熟读荷马和欧里庇得斯（Euripides）的作品。他深爱荷马史诗中的英雄，并且受到特洛伊战争中诸神和英雄们英武事迹的鼓舞。他睡觉时，枕头下常常压着一本《伊利亚特》。据说，他最喜欢荷马说的一句话是“永远争做最优秀的人，站在众人的肩上”（Ever to be the best and stand far above all others）。《伊利亚特》中他最崇拜的楷模是阿基里斯（部分原因也可能是出于他与阿基里斯的家族渊源关系）。

在古代的雕像作品中，即使孩童时代的亚历山大也是勇敢健壮、雷厉风行、热爱学习的。父子两人都极其野心勃勃，争强好胜。亚历山大就像一匹赛马，渴望赶上并超越父亲征服的疆域。少年时代他就跟朋友抱怨：“我父亲将处处压制着我。他没有留下任何可以让你我展示给这个世界看的丰功伟绩了。”（Plutarch，1973，p.256）。尽管父子之间一直在较劲，菲利普还是为他有一个如此出众的儿子感到骄傲，至少一开始是这样。

亚历山大12岁时，驯服了英俊的烈马布斯菲勒（Bucephalus，希腊语意思是“牛头”）。这匹马性子暴烈，从来没有人敢骑过（包括他的父亲）。亚历山大早就跃跃欲试，而且也一直想跟他父亲一较高低，因此跟父亲打赌说自己可以驯服这匹烈马。亚历山大在驯服这匹种马的时候，他的父亲很为

亚历山大骑着战马布斯菲勒，希腊铜像，赫库兰尼姆

亚里士多德，罗马国家博物馆

他的生命担心，据说当亚历山大骑着骏马凯旋时菲利普竟然喜极而泣。该创举后他父亲说："你必须去找一个能容得下你抱负的王国，马其顿对你来说太小了。"（Plutarch，1973，p.258）。后来，这匹著名的种马驮着亚历山大远达印度的海达佩斯河（Hydaspes），死在那里。亚历山大悲痛不已，建立了一座以布斯菲勒命名的城市来纪念他的爱马。

随着时间的流逝，亚历山大和他父亲的关系越来越不和。当父亲开始冷落他的母亲时，亚历山大更加笃定了菲利普并不是他的亲生父亲的念头，他认为自己是神的儿子，血统更加尊贵。奥林匹亚斯给他灌注这个幻想，鼓励他把王位看成自己命定的权利，而不仅仅是菲利普的继承人。他的这种思想看法，以及基于这种观点的表现，更激发了父子之间不断争吵。

亚历山大 13 岁的时候，他的父亲觉得让他进一步接受高等教育的时候到了。菲利普国王选择了当时还不太出名的哲学家亚里士多德来教授他的儿子。三年间，亚里士多德在距皇宫所在地佩拉约三十公里的米耶萨神庙为亚历山大和马其顿贵族的其他子弟［被统称为"学童书院"（School of Pages）］授课。在这一群精选出来的贵族子弟中，有亚历山大的终生挚友及情人赫费斯提翁（Hephaestion）、安提帕特（Antipater）将军的儿子卡桑德（Cassander），还有托勒密（Ptolemy）——后两者后来也做了国王。

在这所“微型学院”中，亚里士多德将亚历山大引入了艺术和科学的殿堂。在跟随亚里士多德学习的几年间，亚历山大培养了雄辩的才能并对戏剧有了了解，成为一个极具天赋的、在任何场合都能游刃有余的雄辩家（这一才能在他以后带兵打仗时让他受益匪浅）。他的老师同样激发了他对科学探索和发现的热情。在亚里士多德的影响下，亚历山大还对医学、植物学和动物学产生了强烈的兴趣。他的医学知识后来对他非常有用，使他能更好地了解士兵们的伤痛和疾病。

另外，亚里士多德的政治课程为亚历山大打下了坚实的法律和治国基础，深刻地影响了这位年轻人，并为他将来管理帝国做好了准备。亚里士多德还写了《论王权》（没有流传下来）来帮助亚历山大理解他的责任。哲学家为他塑造的哲学家型帝王形象为这位未来的君王树立了一个仿效的典范。亚里士多德用思想征服了世界，他教导的学生则将用刀剑征服世界（Aristotle，1988）。

第二章　创建战争机器

ARE LEADERS BORN OR ARE THEY MADE
THE CASE OF ALEXANDER THE GREAT

尽管功勋卓著，但是亚历山大觉得父亲并没有完全认可他在与劲敌作战中的作用。不过，亚历山大表现出来的力量和勇气在马其顿将士间为他赢得了巨大的声望和尊重。这种声望，成为他20岁时父亲被害后最坚固的支持。卡洛尼亚之战后，马其顿人就开始传言，说菲利普是他们的将军而亚历山大是他们的国王，这种传言使菲利普很不高兴。

公元前5世纪之前，希腊的战争还只是一群业余的民兵组织在夏天时才干的事情。当兵只是一种副业，人们只在非生产季节才去当兵。收获季节开始他们就会重新回去劳作，不过，这种情况正在发生变化。

菲利普——军事革新者

菲利普在位的公元前4世纪，战争越来越成为职业雇佣军从事的一门生意。贫穷驱使很多人从希腊各地赶来参军，因为在一个贫穷的国家里，当兵是养活自己的很好的出路（特别是那些可以使用奴隶为他们进行耕种的人）。国王自己军团中的兵士——具有马其顿公民身份的一支精英团队被称作“国王卫队”（king's Companions）。菲利普从这群出身贵族家庭的士兵中选拔出指挥官和管理人员。这些贵族被分成两类：骑兵卫队和步兵卫队——每一卫队都有各自的作战特长。

菲利普将当兵变成很多马其顿男人的生活方式。他依赖国库的巨大开支，使当兵成为公民们可以终年从事并获得丰厚军饷的职业。仅仅用了一周多的时间，他就将自己的军队从一支毫无纪律的业余力量变成了一台纪律严明、作战英勇的战争机器。为了提高士兵的身体素质，他坚持定期进行实战训练，并组织体能竞赛。他是希腊第一位认识到骑兵与步兵合作必要性、军事工程人员的作用、军事侦察的重要性和行动速度之优势的希腊指挥官。亚历山大继承并完善了菲利普通过军事创新所产生的战斗力，并将其打造成一台无可比拟的战争机器（Ashley，1997）。如果菲利普没有这样一个优秀的儿子的话，那他就可能成为古代史上最杰出的将领了。

菲利普在武器和战略上也有很多创新。那时的希腊和马其顿士兵戴头盔，穿胸甲和钢肋裙子，还有保护小腿的胫甲。起初只有军官才穿胸甲，但是到了亚历山大时期，他为所有步兵都配上了这样的护身装置。每一名士兵还配备了坚硬的、带突出铁面的圆形盾，当他们聚在一起成梯形编队时，他们的盾牌

马其顿方阵，让－保罗·克莱朗（Jean-Paul Cleren）作品局部图

就会重叠。真正作战时，从正面几乎只能看到铁甲。

菲利普还引进了步兵用于“远程”搏杀的长矛（sarissa），这种长矛是木制的，长五米到七米，顶端带有尖利的铁头。这一武器与上面提到的重叠的梯队联合使用，就是著名的“马其顿方阵”，一堵直捣敌营不可阻挡的战墙。方阵后翼的士兵竖起长矛，可以掩护后面的部队变换阵形而不被敌人发现。方阵前排士兵横伸出长矛，就是残暴的武器。

每一分队都由256人组成（纵横各16人），精心排列，这样每个士兵就可以将自己的铠甲、胸甲和盾牌作为方阵的公共部分将左右两人之间的空隙遮挡起来。整个队列里每个人都手持长矛，口喊战号“啊啦啦哎”，像一把可怕的铁刃直压敌人阵线。作为方阵的一部分，他们还训练马其顿士兵任意改变方向（必要时改变纵深排列），并且方阵中多达五排的士兵都可以刺出长矛，将锋利的矛头直刺近前的敌人腹部。他们可以刺杀六米以外的敌人，在传统的徒手搏击中十分占优势。矛和甲的结合是古代世界发明的最冷酷的杀敌机器。

除了基本的方阵，菲利普（以及后来的亚历山大）还有装备轻盈、灵活机动的后备部队——皇家盾军（古代最优良的步兵力量）——弓箭手、围攻队（a siege train）和骑兵。这些部队在实战中完美协作，使菲利普和亚历山大都无往不胜。骑兵通常用于军事侦察和闪电袭击。菲利普还让亚历山大认识到了工程人员在发明包围方法中的重要性。亚历山大在改革这些技术方面取得了巨大的成功。

手持长矛维持方阵队形要求每个士兵都要经过大量的训练并要有强壮的身体素质。当当兵成为一种全职职业后，菲利普就可以定期训练士兵，使整个军队能够做到统一协作。训练（再训练）再加上实战经验，使马其顿士兵可以以闪电般的速度高效地行动。亚历山大学会了欣赏使用希腊和亚洲从来没有见过的最优良的军事机器进行的战争。菲利普虽然是发明者，但亚历山大则将这一战斗机器的用途发挥到了极致。

征战中的磨炼

公元前340年，菲利普远征拜占庭，留下16岁的亚历山大在马其顿主持国政。菲利普远征期间发生了叛乱，亚历山大率领一支军队深入到一块荒蛮之地，即今天的保加利亚，征服了密底（色雷斯的一族），仿照菲利普建立菲利普城，亚历山大建立了第一座以他的名字命名的城市——亚历山大城（后来还有很多），后来又在一次胜利后将一个军事基地以亚历山大来命名。

初露锋芒后，菲利普封他为将军。但是尽管年纪轻轻就崭露头角，父子关系仍很紧张。有一次父子二人在对抗色雷斯人的战场上并肩作战，菲利普受了伤，倒地装死，亚历山大以盾相护，抗击敌人。不过，据史料记载，菲利普从来没有承认过亚历山大曾救过他的命，亚历山大一直对此耿耿于怀（Fildes & Fletcher，2001）。

菲利普的主要功勋是征服了希腊大陆。他的目标是建立“希腊联盟”，将争吵不休的希腊城邦和马其顿统一在一起，组成一个强大的联盟，从实力上盖过小亚细亚的大流士一世王并解放那里的希腊人。菲利普所谓的科林斯同盟，旨在维持一种总体上的和平，当希腊所有联邦（斯巴达除外）和群岛代表宣誓遵守盟约并且承认菲利普为他们的大元帅时，同盟于公元前337年成立。该同盟是一次政治创举：签署该协议之前，每次和平都不会持续多长时间，因为为首的希腊各邦既没有权力也互不信任，无法建立一个行动统一、共同抵御外敌入侵的有效组织。

尽管科林斯同盟已经建立，城邦中的很多政客仍反对希腊联盟，视之为对其独立性的侵犯。比如，底比斯的反对声就很激烈。公元前338年8月，发生在维奥蒂亚的卡洛尼亚（Chaeronea）之战，亚历山大率领马其顿骑兵，全歼底比斯常胜兵团“底比斯圣队”。这一胜利在卡洛尼亚决定性战役中起到了重要作用，在这次战役中，菲利普打败了希腊城邦联盟。尽管功勋卓著，但是亚历山大觉得父亲并没有完全认可他在与劲敌作战中的作用。不过，亚历山大表现出来的力量和勇气在马其顿将士间为他赢得了巨大的声望和尊重。这种声望，成为他20岁时父亲被害后最坚固的支持。卡洛尼亚之战后，马其顿人就开始传言，说菲利普是他们的将军而亚历山大是他们的国王，这种传言使菲利普很不高兴。

希腊城邦坚定地团结在一起时，菲利普开始着手准备攻打波斯，目标是解放小亚细亚波斯统治下的希腊城邦。泛希腊主义成了他新的信条。他把蓄谋的这场战争说成惩罚波斯罪行的宗教圣战，要报复100多年前薛西斯（Xerxes）入侵希腊的罪行。作为战争的前期准备，他用船将先遣部队送进了小亚细亚，但是（不祥的是）他没有给儿子指挥权，这被亚历山大看成对自己巨大的蔑视。

因为这是一个相信预言的时代，所以菲利普派人到德尔斐（Delphi）向圣人询问他是否能征服波斯王。圣人的回答是，

“牛已加戴花环。一切就绪。祭品已经备好”（Diodorus，1992，16.91.2）。菲利普把这些话解释为对即将到来的胜利的肯定。但是，他错了，事实是，他成了献祭的祭品。

第三章　家庭哗变

ARE LEADERS BORN OR ARE THEY MADE
THE CASE OF ALEXANDER THE GREAT

亚历山大继位后，不光要平定内乱，而且外部的威胁也不可小视。希腊各城邦将菲利普的死看成天赐良机，他们正好借此摆脱马其顿对其内政的干涉。他们认为这位年轻的继承人不过是个傀儡。不过这种臆想是大错特错了。

当菲利普娶回一位比亚历山大还小的女子时，这个家庭不可挽回地分裂了。这名女子怀了菲利普的孩子。由于她家世的原因，整个皇室分裂成两个尖锐对立的阵营。这名女子的家族是纯粹的马其顿血统，她的叔叔阿塔罗斯（Attalus）在国王卫队中任职。菲利普从这样的家族中娶回一名女子为妻，威胁到了奥林匹亚斯和亚历山大继承王位的计划。因为这位新妻子具有马其顿贵族血统（不同于来自伊庇鲁斯的亚历山大的母亲）。菲利普有了比亚历山大更纯的马其顿血统的子嗣，这就使奥林匹亚斯和亚历山大受到了严重的威胁。对奥林匹亚斯来说更糟糕的是，菲利普以他敬爱的母亲，一个声望极高的女人的名字重新命名了这位新妻子。这是将准王太后降级的一个明确的信号。奥林匹亚斯和亚历山大一定是感觉到阿塔罗斯的小集团削弱了他们的地位，所以马其顿宫廷里笼罩着一种不安、猜忌的气氛。

菲利普婚礼上发生的一件事导致了父子关系的彻底决裂。新娘的叔叔为新婚夫妇敬酒，祝愿他的侄女能为王位生下一位“合法”继承人。以亚历山大的脾气（加上他也喝了很多酒），他的反应可想而知。据说他直接将酒杯掷向阿塔罗斯，吼道：“混账，你把我当杂种了，嗯？”（Plutarch，1973，p.261）阿塔罗斯也把杯子掷向亚历山大，引发了一场争斗，历史没有记载他们后来又说了什么，不过这足以惹火菲利普了。根据各种史料记载，菲利普怒气冲冲地站起来，拔出剑刺向亚历山大，但因为醉醺醺的，却被绊了一下，贴面摔了一跤。“大家看哪，”亚历山大冷笑道：“这就是准备要横跨欧亚的那个人，他连从一张桌子到另一张桌子都走不稳哪。”（Hogarth，1977；Plutarch，1973，p.261）

这件事在菲利普和亚历山大之间造成了隔阂，亚历山大带着朋友和母亲穿过边界跑到了奥林匹亚斯的出生地伊庇鲁斯。亚历山大安排他的母亲在伊庇鲁斯皇室住下，自己又快马加鞭赶到伊利里亚（Illyria），可能是去策划反抗他父亲的活动。后来父子和解，亚历山大回到家中，不过仍然不信任他的父亲。

这个家名存实亡。父子关系一直紧张，而且永远也不会回复如初了。

弑君

当波斯帝国卡利亚（Caria）总督打算将自己的女儿嫁给菲利普的傻儿子阿里达依（Arridaeus）时，亚历山大开始担心，菲利普是不是有意要册立他同父异母的哥哥阿里达依为继承人。亚历山大竟然会相信这样的谣言，表明他对自己将来位子的不安日渐增加（菲利普的新妻子生下一个女儿并且再次怀孕了）。慌乱中，亚历山大密谋自己迎娶总督的女儿。但是阴谋还没来得及实施，菲利普就得到了消息，把他软禁在家里，并且把他的大部分好友驱逐出境，而且还计划休掉鼓励亚历山大实施这一阴谋的奥林匹亚斯。菲利普不愧是政治老手，他将女儿嫁给奥林匹亚斯的哥哥（伊庇鲁斯的国王）来安抚他，尽管他的女儿克里奥帕特拉是国王的外甥女。接受这一婚约直接违背了奥林匹亚斯——新娘的母亲兼新郎的妹妹的利益。这一盟约是（而且将被看作）伊庇鲁斯国王对曾经权力炙手可热的王后的最终抛弃。这一联姻的象征意义在于王后作为维持马其顿王国边界和平的作用已经失掉了。

为了庆祝这一联姻，特地举办了盛大的宴会。亚历山大也出席了将其妹妹与舅舅扭在一起的盛会（算是某种形式上的妥协）。开幕仪式即将开始，当菲利普——这位和蔼可亲的主人进入剧院时，被他的侍卫队长保萨尼亚（Pausania）一刀刺中心脏。年轻的马其顿贵族保萨尼亚对新王后的叔叔阿塔罗斯一直耿耿于怀，而且在与一个情人的争吵中因为菲利普不能秉持公道而怀恨在心。不过，很多同时代人认为问题并不那么简单，有人认为奥林匹亚斯和亚历山大或者二者之一参与了杀害菲利普的阴谋。他们大多猜想是奥林匹亚斯用话激了侍卫让他做出了这一行为，因为菲利普的死最大的受益者就是她（和亚历山大）。不过，真相将永远无从得知了。

新任国王

公元前 336 年菲利普被杀，亚历山大成为新任国王亚历山大三世。但是由于菲利普死得蹊跷，亚历山大面对着内忧外患：内有对手相逼，外有反叛威胁。为了平息内乱，他做的第一件事就是迅速铲除阴谋者和国内的敌人，其中一些人的罪名就是幕后指使谋害国王。他还迅速处决了几个对王位有威胁的人，其中包括他的堂兄阿敏塔斯——菲利普正是从他手里篡夺了国王之位。不过他饶恕了同父异母的傻兄弟阿里达依。

在巩固王位的过程中，亚历山大得到了曾辅佐过他父亲的两位高级大臣的帮助。他们将继续辅佐亚历山大：安提帕特（Antipater）后来成为希腊和马其顿的总督，帕米尼欧（Parmenion，在菲利普当政时代就巩固了在小亚细亚的地位）成为亚历山大的副将，而且成为他早期征战中最得力的将军。

奥林匹亚斯也以极其残忍的手段剪除宿敌。菲利普的新妻子尤丽黛丝（Eurydice）的第二个孩子也是个男孩，据说奥林匹亚斯让人当着母亲的面将她的两个孩子杀死，然后逼这个可怜的女人自缢。

亚历山大继位后，不光要平定内乱，而且外部的威胁也不可小视。希腊各城邦将菲利普的死看成天赐良机，他们正好借此摆脱马其顿对其内政的干涉。他们认为这位年轻的继承人不过是个傀儡。不过这种臆想是大错特错了。亚历山大在平定色雷斯和伊利里亚的叛乱时很快就显示出他作为敏锐的战略家和卓越的战术家的才能。他面对的下一个问题是底比斯（Thebes）——他们听信了亚历山大已死的谣言而开始反叛。底比斯人经过投票决定要和雅典及波斯军队联合起来推翻他们眼中的马其顿“独裁统治”。这些城邦竟然把他称为独裁者，亚历山大十分愤怒，立即起兵南下，率领他业已疲惫的部队以十三天四百公里的惊人速度直抵底比斯，将整个城市夷为平地，将城里的居民卖为奴隶。他的这种过激手段表明，他不会容忍任何冒犯他权威的行径。不过，因为他把自己看成全希腊的王者，所以决定饶恕雅典人，他不想被这个民主发祥地的人民看成暴君。

牢骚满腹的希腊各城邦震慑于亚历山大对待底比斯的严厉行为，都归顺了。在雅典，主要的政治家和哲学家们都来恭贺亚历山大取得在希腊的统治地位。据说有个很著名的人物没有到场，煞是扎眼，他就是第欧根尼（Diogenes）。亚历山大很想见一见这位哲学家，于是亲自去了他居住的地方。亚历山大看见他除了一块儿裹腰布，全身赤裸，正在那里晒太阳。亚历山大到来，闹哄哄的声音惊扰了第欧根尼，他抬头看了看这位威武的国王，不过一句话也没说。最后亚历山大很沮丧，问他需要什么。第欧根尼的回答至今仍为人熟知，他点了点头，让亚历山大站开点儿别挡了他晒太阳。虽然新国王的随从都取笑他，但是据说亚历山大的回答很令人费解："如果我不是亚历山大，我就做第欧根尼。"（Plutarch，1973，p.266）

宫廷内乱平息（虽然安提帕特和帕米尼欧建议他立下继承

人未能如愿），亚历山大现在已经开始为征伐波斯做准备了。他对先知预言的力量（和可靠性）坚信不疑，在出征前特地到德尔斐（Delphi）拜访了先知并向他请教。他赶到的时候，先知尚不能接见。亚历山大一向没有耐心，不愿等待。神父被他的命令触怒了，说："我的孩子，你无往不胜。"（Plutach，1973，p.266）

亚历山大把神父的话看成对其将来的胜利的预言。他从父亲那里继承了古代组织最完善、训练最有素、装备最精良的战争机器，现在准备去征服世界了。

亚历山大聆听德尔斐先哲。“亚历山大传奇”：
亚美尼亚人手稿，14 世纪，威尼斯

第四章　战略天才

ARE LEADERS BORN OR ARE THEY MADE
THE CASE OF ALEXANDER THE GREAT

亚历山大还是一位很高明的战术家，他可以洞悉敌人潜在的意图并采取相应的对策。他在判断敌人阵线弱点方面具有超人的才能。当对手没有破绽时，他懂得怎样去诱导敌人将其优势变为劣势。他不仅能把敌人置于自己掌控之下，通常还能让他们跟着自己的思路走。这些心理战术让他如虎添翼，辅助他的战争机器对敌人进行闪电般的毁灭性打击。

亚历山大跟他父亲一样，一直怀有远征亚洲的梦想。他抛给大家的策略性的理由是，这次出征要雪 150 年前亚洲薛西斯王入侵的耻辱，要去解放小亚细亚的希腊城邦，因此十分必要。但是，还有其他原因，不怎么光彩，所以也很少提。比如，亚历山大急需亚洲的财富来维持他父亲建立起来的开销巨大的军队。尽管马其顿有丰富的矿产资源，但是亚历山大为了维持这支庞大的军队已经欠下巨额债务（亚历山大和菲利普一样是个十分大手大脚的人，特别是用于加强军事力量时，马其顿王国的财政状况已经十分紧张了）。另外，这次远征，一个不太理智的理由是，亚历山大不仅想要完成，而且还想要超越他父亲开创的事业。

亚历山大率军协同一支希腊盟军开拔，这是历史上最令人震撼的一次征战。起初，与波斯王的军队相比，亚历山大的军队并不起眼。但是，随着亚历山大这次远征不断深入，队伍日渐壮大。在向亚洲开进的过程中，队伍力量有了急剧的增长，主要是因为在行进过程中招募了希腊的雇佣军和从其他地方来的参军人员（后来，征服波斯后，他又用了三年时间，用训练马其顿士兵的方式训练出了30 000名波斯士兵。这些波斯士兵会加入马其顿大军，并且最终成为征战亚洲的主力）。

亚洲的征服者

公元前334年春，亚历山大留下他父亲的将军及老友安提帕特管理欧洲事务，率军横跨赫勒斯海峡（Hellespont，即今天的达达尼尔海峡）直指亚洲。亚历山大号令约30 000名步兵，5 000多名骑兵——其中将近14 000名军士为马其顿人，还有约7 000名希腊盟军。这支军队配置优良：武装轻盈的克里特岛人和马其顿弓弩手，色雷斯的武士和阿吉里亚（Agrianian）的标枪手（他们就像现在的格卡斯队员，是很强悍的攀山能手）。虽然大军的主力是步兵方阵（9 000多人）和皇家盾牌手（3 000多人），但是最引人瞩目的却是他们的骑兵。打头阵的是马其顿骑兵卫队（Companion Cavalry），这支军队包括了“皇家中队”，即在重大战役中打前锋的亚历山大的近卫军。除了部队，亚历山大还带了工程师、测量人员、建筑师、科学家、宫廷官员，甚至还带了历史学家（Dupuy，1969）。因为他把这次远征也看成一次科学探索，所以他让科学家和测量人员定时将记录和动植物标本送到亚里士多德手里。

据史料记载，亚历山大在安排好身边人的生活福利前是不会动身的。出发前他将皇位下的所有财产都签到了别人名下。据说他的一个近卫军帕迪卡斯（Perdiccas）曾问他：“陛下，那您给自己留点什么？”回答是：“希望。”（Plutarch，p.267）

据说，当军队穿过达达尼尔河抵达亚洲大陆时，亚历山大全身武装跃出船舱，将长矛直掷大地，宣称，“我从众神手中接管亚洲”（Arrian，1971；Diodorus，1992，17.17.2）。这句话表明他要将此地收为皇家领土的意图，而且他的父亲曾为之准备了多年的波斯之战即将拉开帷幕。

当时的波斯帝国极其庞大，从埃及和地中海一直延伸到印度及中亚地区，已经统治古代世界200多年。亚历山大的主要对手是大流士三世，塞勒斯大帝（Cyrus the Great，公元前548—前529年在位）开创的波斯帝国中最后一位所谓的伟大的波斯帝王。因为大流士可以号令一支极其庞大的军队，因此他

波斯士兵，浮雕，波斯波利斯（Persepolis）

必将是年轻的战士们的劲敌。

在与大流士的三次主要交锋中，亚历山大三战三捷。第一次遭遇是在公元前 334 年，亚历山大在格拉尼克河（Granicus River，位于今天的土耳其境内）荡平了大流士派来的波斯防御部队。这支防御力量并不是“皇家”军队，而是各地方总督指挥下的一支联军。他们最著名的指挥官，罗得雇佣军将军门农（Memnon），号召避免与亚历山大正面接触，而要实施“焦地”（scorched earth）政策将地里的庄稼烧光，从供给上断其后路。但是几个波斯总督对于在他们的地盘上这样大肆浪费显得很犹豫，很显然他们拒绝使用这种方式。大多数研究这场战役的学者指出，格拉尼克战役中波斯战败主要是由于波斯指挥官之间没有达成一致，没有形成一个有凝聚力的战斗计划。此外，很多波斯将军对这支入侵的军队都采取一种松懈的观望态度，觉得亚历山大不过是一个毛头小子。他们觉得他毫无经验，战绩平平，对付他会易如反掌。

亚历山大格拉尼克之战的胜利，主要的连带结果就是将众多优秀波斯将领置于死地。之后向小亚细亚的快速推进——很大程度上是由于波斯几乎再也找不到一个有才能的总督来组织有效的抵抗了，这种情况直到伊苏斯（Issus）之战才有所遏

伊苏斯（Issus）会战，希腊绘画中的罗马浮雕，庞培

制。这一战役也极大地振奋了士气。亚历山大率军在波斯领土上首战告捷，暴露出了波斯帝国的弱点。单有数量不可能与严密的战略、精密的训练、严格的纪律和迅捷的行动相匹敌。虽然波斯军队在数量上有得天独厚的优势，但是这次交战证明他们拖沓迟缓，缺少运转灵活的马其顿战斗机器所具有的速度和适应能力。亚历山大发现，有了卫队骑兵（companion cavalry）和方阵，他可以击溃任何波斯军队（Fuller，1989；Keegan，1988）。

亚历山大很快就占领了小亚细亚大部分地区，然后向北进军叙利亚。公元前 333 年，大流士在伊苏斯城（今天的土耳其南部）附近亲自应战。波斯军队在数量上以绝对优势压制着希腊军队（差不多是 10：1）。不过，亚历山大的情报网告诉他大流士排兵布阵毫无经验，所以这位希腊王就派他的“卫队骑兵”直捣敌营——因为对手经验不足，所以根本不堪一击。波斯的投射标枪不是马其顿冲刺短矛的对手。他们在这支脆弱的队伍中间冲出一条道，直捣中心——国王大流士所在。亚历山大的快速进攻，让这位指挥者来不及重组队伍。当马其顿的方阵压近阵线时，大流士也害怕了。他掉转马车乘乱逃跑了。这一幕在庞培农牧神神殿的伊苏斯壁画中表现得非常完整，该壁画现藏于那不勒斯国家博物馆。大流士逃走后，整个波斯军队

伊苏斯会战中的大流士王，浮雕局部，庞培

立刻崩溃了。在伊苏斯战场上，亚历山大是如何将那样的悬殊兵力转化成压倒性的胜利的呢？军事战略家们至今仍很惊奇不解。

大流士王曾自信地认为自己必胜无疑，甚至把家眷都带到了伊苏斯。而希腊的胜利却如此神速，出其不意，使整个波斯王室，包括大流士的母亲西西冈比斯（Sisygambis）、妻子和孩子都成了亚历山大的俘虏。战争之后，当胜利者进入大流士极尽奢华的帐篷时——黄金浴盆、丝绸地毯，不一而足——一向以禁欲著称的亚历山大据载是这样说的："这个，好像，才应该是一个国王的生活。"（Plutarch，1973，p.275）

亚历山大对被俘的皇室以礼相待，因为国王的母亲在波斯的王朝政治中是个举足轻重的人物，他这一周全的政治举措对自己很有益。他还下令让波斯王室学习希腊语和希腊风俗习惯。征服者让被征服者学习他的风俗习惯是即将到来的希腊化的前奏。同时，亚历山大取代了大流士的位置，试图利用大流士家庭的影响建立自己作为亚洲之王的合法地位。

亚历山大率部队继续向前推进，在提尔（Tyre），一个加固的岛屿（离今天的黎巴嫩海岸不远）遭到了顽强的抵抗。攻克岛屿上的堡垒后，亚历山大要求提尔的人民祭祀腓尼基神

Melquart，他把 Melquart 神等同于自己臆想中的先人赫拉克勒斯。这一要求被拒绝了，不过市民们以后会为这一决定后悔的。他们态度轻慢，让亚历山大大发雷霆，不过即使亚历山大想无视他们的反抗继续前进也不太可能，因为他很担心通过后会受到背部袭击。

提尔包围战是亚历山大整个生涯中最艰苦的军事行动之一。考虑到这个城市坐落在岛屿上，亚历山大决定修建一座陆桥，这座桥一直保留至今。围城七个月，经过一场艰苦的海战，他们终于进了城。公元前 332 年 7 月强攻提尔也是亚历山大最辉煌的军事战绩之一。进城之后紧接着就是一场大屠杀（他将 2 000 名提尔士兵钉死在海滩上），且将妇女和儿童都卖作奴隶。造成这种惨不忍睹的结局原因可能很多：一开始祭祀臆想中的先人赫拉克勒斯被拒酝酿的怒气、长期围攻不下的沮丧、围城之初派去劝降说和的众位马其顿信使被杀……可能都是这一惨剧的原因。

提尔被围之际，大流士派人给亚历山大送去一封信，要求和解：他愿意出 10 000 塔兰特（古希腊、罗马等地的重量或货币单位）赎回家人，并且割让幼发拉底河（Euphrates）以西所有土地。亚历山大的大将军帕米尼欧建议他接受大流士的条

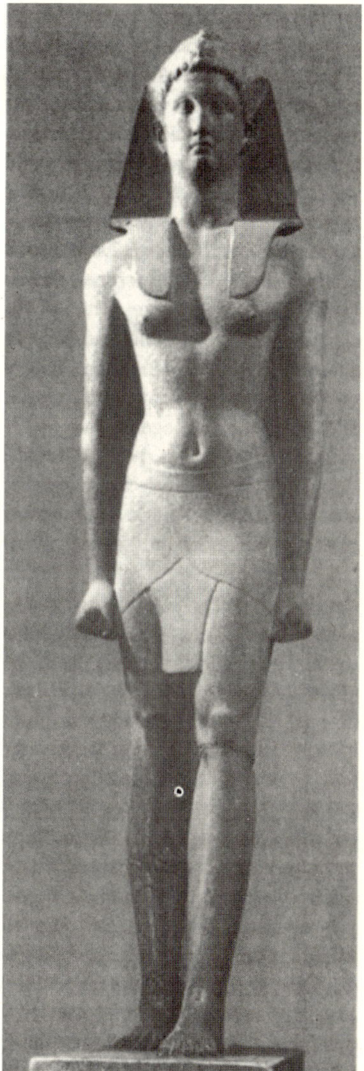

亚历山大埃及法老像，纪念雕像，卢克索（Luxor）

件。“如果我是亚历山大，我就接受。”帕米尼欧说。“如果我是帕米尼欧，那是我应该做的事情。”（Arrian，1971，p.144）——这是亚历山大著名的反驳。

离开提尔，亚历山大继续前进，去征服波斯帝国尚未被征服的地方。他占领了加沙，接着又进入埃及。那里的波斯总督很明智地不战而降了。埃及人民把亚历山大当作他们的解放者般欢迎——因为波斯统治者对埃及的宗教活动不能给予足够的尊重，所以他们憎恨波斯统治者。在孟菲斯（Memphis），亚历山大为神牛献上祭品，并被加冕了传统的法老的双王冠。当地的牧师得到了抚慰，他们的传统受到鼓励。通过这些胜利，亚历山大取得了整个地中海东岸的控制权。为了巩固胜利成果，他在马雷奥蒂斯湖（Lake Mareotis）和地中海之间的一块狭长的陆地上建立了亚历山大港（埃及）——这一港口很快就成了世界贸易和文化中心。

亚历山大在提尔重组部队，再次掉头北进，率领 40 000 名步兵和 7 000 名骑兵直指巴比伦。他穿过幼发拉底河和底格里斯河，遇见大流士率领一支不知多大数量的军队（虽然我们没有确切数字，但是据历史记录足有 100 万之众，不过可能有所夸大）在阵前迎战。他在高加米拉战役（Battle of Gaugamela，高加米拉即今天的伊拉克）中彻底击垮了这支军队。公元前331年，亚历山大的这次辉煌战绩（依赖于一个战斗规划，这一规划至今仍作为军事学院的教材详加讨论）不可逆转地改变了历史的进程。大流士像在伊苏斯一样逃走了，不久被他的一名将军杀死，这让亚历山大很失望（他本来想通过大流士来统治当地），不过这一弑君行为反而成全了亚历山大成为亚洲之王的目标。

高加米拉之战后，巴比伦屈服了。正如在埃及一样，亚历山大鼓励当地的牧师可以继续崇拜他们自己的神。苏萨［伊朗西部古代遗址，古代埃兰（Elam）王国的首都］城，带着它巨大的财富也很快就屈服了。到冬至时，亚历山大强行进入波斯首府波斯波利斯（Persepolis）。在将国库和所有值钱的东西洗劫一空后，亚历山大在一次酒气熏天的聚会上听了一个情妇的话决定要将整个城市再彻查一番（如果传说可以相信的话）。毁城的真正原因可能是要报复波斯人先前征服希腊时对希腊神灵的亵渎行为。另一个可能的原因或许是波斯人在迎接他这位新统治者时表现得很不情愿，他已经习惯了被征服者欢欣鼓舞迎接他的到来。不过，一些研究亚历山大的学者认为，这一事件是亚历山大一时冲动要奖励希腊军中士兵而造成的，因为一直以来物质奖励都相对很少（偷抢通常是被禁止的）。不论出于何种原因（或更可能多种原因），城市和宫殿都变成了瓦砾。在这场毁灭活动中，亚历山大彻底灭亡了波斯帝国。但是，他特地下令，要保护历史遗址，特别是塞勒斯（他极其崇拜的一位君王）之墓的完好。他还特意到墓前祭拜。亚历山大的版图现在已经覆盖了整个里海南岸（包括现在的阿富汗和巴基斯坦南部的俾路支），向北延伸到了巴克特里亚（Bactria）和索格狄亚那（Sogdiana）（现代的西土耳其斯坦，也被称为中亚）。亚历山大只用了三年时间（公元前 334 年春到公元前 331 年春）就征服了这一片广阔的领域。

波斯的各个首府现在都在亚历山大的掌握之中了，他也得到了前“帝王”的巨大的黄金储备。但是，这个帝国还不能使他满足。亚历山大和他的军队继续向东深入，与一些流动士兵和反叛军队作战，他们以为这里就是世界的东北边界了。为了彻底征服波斯帝国的剩余部分（包括印度西部的一部分），亚历山大最终在公元前 326 年越过印度河，进入了波斯塔克希拉（Taxila）省边境地区。在这里他遇见了骁勇的印度国王波罗斯（Porus）带领 25 000 名士兵和 200 头大象（西方古典史战役中使用这种庞然大物数量最多的一次）迎战，整个波斯帝国都不曾做到的，他差一点儿就做到了。波罗斯有个很显著的优势：马匹害怕大象，所以他的这群庞然大物让马其顿的骑兵几乎没

战用大象，陶器，卢浮宫博物馆

有了用武之地。

大约有两周的时间，亚历山大指挥军队在吉达普斯河（Hydapes）西岸来回走动，佯装要渡河进攻塔克希拉。波罗斯也照猫画虎来掩护他们的行动，后来他厌倦了所有的假警报，解散了警卫。当波罗斯最终志得自满的时候，亚历山大出其不意地在夜里跨过吉达普斯河。即使现代物流专家们都钦佩马其顿人将整个战斗军队在一夜之间渡过印度汛期涨水的吉达普斯河的能力。波罗斯王投降并成了亚历山大最可靠的盟军。

正如对待波罗斯那样，亚历山大会尊敬并饶恕勇敢的敌人。他试图让对手明白合作比反抗得到的好处多。通常，有条件的投降会受到礼遇，而反抗则会受到残酷的镇压。这一精心算计的策略目的是将战场上的损失降到最低。对手更倾向于直接投降，因为这样他们能得到饶恕，还能成为亚历山大帝国的国民（他们也意识到了相反的选择其结果是极其不吸引人的）。

亚历山大在征战过程中，喜欢接受那些看上去不太可能取胜的挑战，喜欢迎战从未打过败仗的对手，或者进攻坚不可摧的岩石壁垒。他是第一个进攻底比斯圣队的人，第一个跨上雄伟的城墙，或爬上坚不可摧的岩石的人。亚历山大一路上遇到的最著名的障碍就是奥纳斯山（Rock of Aornus），这座山天然生成，矗立在印度河中，伸出河面近 3 000 米。据说半人半神的赫拉克勒斯在世间劳作时都没能移动此山。而亚历山大的军队，经过夜以继日的工作，将一吨吨泥土倒入峡谷，终于填出一条上山的道路。像以往一样，亚历山大还是第一个冲上山顶、迎战守军、挑战赫拉克勒斯，成为历史上最伟大的攻城者。

慎思多省的实践者

亚历山大跻身历史上最伟大的实战指挥家之列。尽管他备受士兵爱戴，但是仍一如既往地保持了自己严谨的作风。他是一位杰出的战略家，乐于采用新的战术、革新作战方式、完善他父亲开创的军事上的革新，并发明自己的新方式（正如他在对抗阿富汗部落、对抗印度的波罗斯王和他的大象军团时表现出来的善于因时制宜、因地制宜采用游击战术一样）。虽然他常常在兵力上处于劣势，但是他会根据当时的形势，利用地形，出其不意地摆脱那几乎不可能取胜的劣势。他总是强调要比对手更熟悉战场地形，通过军事侦察将优势发挥到最大。他极其善于隐藏自己的意图，迷惑敌人，把果断和速度当作有效的武器；他创设了很好的交流渠道并能加以维护；他鼓励工程师们进行创造性的思维，制造出撞击工具、石弩、云梯、桥梁，还有辅助马其顿士兵可突破坚不可摧的城堡的攻城塔。

亚历山大还是一位很高明的战术家，他可以洞悉敌人潜在的意图并采取相应的对策。他在判断敌人阵线弱点方面具有超人的才能。当对手没有破绽时，他懂得怎样去诱导敌人将其优势变为劣势。他不仅能把敌人置于自己掌控之下，通常还能让他们跟着自己的思路走。这些心理战术让他如虎添翼，辅助他的战争机器对敌人进行闪电般的毁灭性打击。

亚历山大只有在战场上才能进入最佳状态。不管形势多么严峻，他都能保持镇定，永不慌乱。不论战场上形势多么紧迫，他总是以一种连贯协调的方式去执行自己的计划，熟练地筛选下属呈上来的互相矛盾的报告，从而做出正确判断。他在运用武器和战术方面表现出了不同寻常的多样性，而且能将二者有机地结合起来。任何形式的武装对抗——像比较传统的战争、包围、反游击战以及埋伏战等他都做得非常成功。正是这种对多种战争形式的掌握，加之对战略战术的运用，成就了他的非比寻常。在亚历山大的领导下，他的军队没有输过一场战役，与对手相比，他们在战场上的损失也相对较小。

第五章　管理帝国

ARE LEADERS BORN OR ARE THEY MADE

THE CASE OF ALEXANDER THE GREAT

亚历山大虽然很有才华，很有力量，但是却有一个突出的弱点：他不能巩固他的帝国。管理一个稳定的国家这样的工作不适合他。他被驱使着不断前进，不断去征服，就是无法停下来。

波斯人有个习惯，征服一个国家后，在保留其大部分内部结构不变的情况下将其吸收掉。他们会以波斯王的名义派一位波斯总督协调旧有的机构，并以波斯王的名义征税，当地机构中的官吏仍然保留此习惯以保持机构的运转，这样就将波斯管理的效率发挥到了最大化。历届波斯王都指定皇室或近侍人员作为总督，因此帝国内有任何风吹草动，当政者都能通过他的代理人得到消息，这些人被称作“国王的耳目”。

亚历山大十分钦佩波斯人管理帝国的方式，一路上所看到的、读到的关于塞勒斯王的管理方法的书都是他们这一方法的体现。他还从亚里士多德那里学到了很多管理方法。他明白，要理解——必要时管理另一个社会，就需要确定真正的权力中心，以及这些中心之间的连接点、忠诚点和压力点。他认识到那些部落首领或宗教领袖通常占据着主要的权力位置，并且看到了通过支持从而利用这些选举出来的领导者的经验所带来的好处。另外，他还明白公平地对待被征服的人民是获取他们支持的最简单的方法，他十分需要这种支持，因为可以用来控制整个帝国的、跟随他的马其顿籍的士兵数量很少。

为了让这一哲学能在实践中发挥作用，亚历山大向敌人摆明了合作的好处。作为解放者，他努力去感知当地文化，对于那些承诺与其日渐扩大帝国联盟的国王和部落首领，他都以礼相待、加以笼络。如果这些首领准备和他联合，他会让他们以自己的名义继续管理。例如，亚历山大征服埃及后，保持了所有的宗教活动，并且修葺或重建了印度的宗教中心（听从了亚里士多德的建议，争取当地牧师站在自己一边）。亚历山大是希腊信仰诸说调和论的倡导者，他把亚洲的神看成希腊诸神在当地的代表。他无意把其他的神强加在他们身上。通过表示对当地传统的尊重——波斯人则没有做到这一点，更增加了被拥护为拯救者和解放者的可能性。相反，那些反对他统治的人，得到的是可怕的震怒，底比斯和提尔就是血的教训。

在小亚细亚，亚历山大免除了从波斯统治下解放出来并归附的希腊城镇居民向国王进贡的义务，并保留了当地的法律。他还专门颁布法令禁止烧杀抢掠，因此赢得了当地人民的拥护。他自封亚洲之王，土地都是他的财产，人民都是他的子民。如果在这种情况下，仍然鼓励毁坏城市奴役人民，那无异于自取灭亡。由于亚历山大采取了这种合作态度，所以对小亚细亚大多数的人民来说并没有什么太大的变化。原来的波斯总督由马其顿人取代，以前的进贡现在叫作“捐助”，现在，至高无上的权威不再由波斯王而是由新帝王亚历山大大帝掌握了。

亚历山大的管理才能不仅体现在他在波斯实现了马其顿人的统治，还体现在他为军队提供补给的组织能力上。因为他严令禁止抢掠，所以他的军队不同于别的军队。离开本土若没有源源不断的供给就很难生存，要保持他的军队运转，为人员和马匹提供食物和装备，无疑是一场物流噩梦，特别是在他所处的那个时代。然而，他却高效地运转着这趟补给专列，使他的军队远离本土还能闪电般行动。

创设一个大熔炉

亚历山大听从了亚里士多德的意见：一个君王必须平衡不同团体之间的权力。虽然主要的管理职位还是由希腊人担当，但是他开始起用本地人、波斯人和马其顿人一起管理他日渐膨胀的帝国。他让不同的官员分别负责军事、经济和民用事务，广泛地分摊责任。征税官不受当地总督管辖，他们将所有税收绕过中间各层官员直接交到财政大臣手中，通过这种方式，亚历山大实现了财政政策的中央集权。这样做虽然大大减少了贪污行为，但是只要能为政府创造足够的收入，剥削似乎是默许的。

亚历山大在帝国各地设立了戍卫部队，每支部队都由一名近卫军统领。每个将领都统帅着一支数量不小的戍卫军，处理当地反抗统治的事件。通常，这些戍卫军也是新城建立的基础。亚历山大建立的新城数量之多还没有人能够超越，其中有七十多座是以他的名字命名的。他没有让这些城市自生自灭，而是做了巨大努力将希腊和马其顿的居民迁移到这些城市，让那里的人口逐渐繁荣起来。

亚历山大的另一创举是从征服的国家挑选了很多年轻人，加以训练为己所用。他要求有望成为麾下士兵的年轻人学习希腊语，训练他们使用马其顿武器，他还从亚洲臣民中挑选出最优秀最聪明的年轻人，让他们享受可谓第一流的国家资助的教育体系。通过这些努力，亚历山大为“泛希腊主义”奠定了

公元前 324 年亚历山大与大流士女儿
巴尔茜妮（Barsine）的婚礼，庞培壁画

基础。

随着日益扩张的帝国渐渐趋于稳定，亚历山大面临的主要问题就是在哪里建都。是如老部下们期待的那样仍旧将都城设在马其顿的佩拉，还是将王廷迁到亚洲？虽然起初他在两地办公，但是权力的重心渐渐倾向亚洲，他想要加强亚洲的权力基础。亚历山大开始与亚洲人合作，一些高级职位不再局限于马其顿人来担任了，这让他的马其顿内臣十分担忧。管理和宫廷都在发生变化：与设在佩拉的比较低调的宫廷相比，亚洲的流动宫廷豪华壮丽，充满了古老的波斯宫廷的氛围。更糟糕的是，亚历山大似乎一点儿也不介意他的波斯宫臣的阿谀奉承、溜须拍马。换句话说，亚历山大在从形式上将其作为亚洲之王和作为马其顿之王的角色区分开。

亚历山大明白货币在国际交易中的重要性。他在帝国各处建立了很多皇家铸币厂，用历届波斯帝王储备的黄金来造币，以促进贸易的发展。他还以自己的名义建了一座新造币厂，用作协助贸易在整个帝国范围内顺利进行、支付庞大军队的开支，以及资助新兴城市和港口的建立。

很多历史学家把亚历山大看成一个有远见卓识的人，他相信不同的民族和种族可以在他的帝国内和平共存。例如，他们提到亚历山大为了促进希腊人和波斯人的融合，下令两国大规模通婚（他要求自己最重要的八十位将领迎娶出身名门的波斯女子，举行传统的波斯婚礼仪式。他自己也以身作则，迎娶了前大流士国王的女儿和另一位波斯公主——他之前已经娶了大夏人首领的女儿）。

但是，总的来说，这种共存一点儿也不太平。一月月、一年年过去，所谓的亲波斯政策使亚历山大和其他马其顿将领之间的摩擦不断升级，他们无法理解（也不赞赏）亚历山大的帝国新理念。亚历山大坚持要吸纳波斯人平等地参与各省的管理，并吸收波斯人加入骑兵卫队和自己的军队中——正如我们前面注意到的，他对 30 000 名波斯青年进行军事培训——这受到了很多马其顿人的严厉指责。他们对他一体化的政策十分不满，看不起卫队中那些贵族成员，讽刺地称波斯士兵为“战斗舞伎”（war dancers）。

前进的动力

亚历山大虽然很有才华，很有力量，但是却有一个突出的弱点：他不能巩固他的帝国。管理一个稳定的国家这样的工作不适合他。他被驱使着不断前进，不断去征服，就是无法停下来。例如，（像我们前面看到的）在围攻提尔时，即使他的高级将领帕米尼欧，都建议他接受波斯国王提出的优厚条件，他还是拒绝与大流士和解。帕米尼欧建议他停止征战，巩固成果，因为他感到继续征战所要承担的风险非常大，特别是那些新征服的领地很大部分尚没有稳定统一起来。

亚历山大对他的将领没有有效的监管措施，所以腐败和压迫逐渐滋生，最后广泛蔓延。虽然他持有的被征服的人民应该参与自治当中来的观点相对很新，但是他没有继续采取革新措施，也没有建立具有创新性的管理机制。那些长期管理的乏味细节令他感到厌烦。而就眼前来看，他只不过是用一个松松垮垮的帝国取代了另一个松松垮垮的帝国，而没有注入可以使其帝国长久存在的机制。另外，虽然他兴味十足地将外来人口移驻新兴的城市，但却没有真正尽力去促进外来移民与当地居民融合。结果，当地人通常把外来人口看成入侵者。而那些新定居者也都犹豫不决，他们待在波斯完全是出于对亚历山大的畏惧。很多人都渴望恢复希腊式的生活方式。

第六章　向“无边的大海”进军

ARE LEADERS BORN OR ARE THEY MADE

THE CASE OF ALEXANDER THE GREAT

尽管亚历山大的统治以混乱收尾，但是他的传奇即使到今天也仍然鲜活。亚历山大的探索和征服仍然在与人类的想象力对话，也记录在欧洲、非洲和亚洲的传奇中。在波斯，亚历山大被看成双角神（Sikander，因为画像时他总爱戴上阿蒙神的两只公羊角）。阿富汗部落人和希腊渔民都把他看成祖先的守护神。而世界各地的很多人则把他视为领袖的典范。

亚历山大的帝国此时从巴尔干一直向南延伸至努比亚，横贯旁遮普邦（Punjab，印度一邦）。不过，对于冒险家亚历山大而言，只征服印度的一部分远远不够。他想到“无边的大海”去，希腊人认为那片无边的海水就是已知世界的尽头。到地球真正的边界（他们认为印度的那一边就是地球的边界）上去是一个无法抗拒的挑战。亚历山大对地理的理解来源于亚里士多德的教导，亚里士多德认为印度是一个不大的半岛，一端延伸至浩瀚的海洋。亚历山大认为自己可以先推进到恒河（Ganges River），然后继续前进就能到达无边海洋的海岸。他已经下定决心要到达地球的尽头。如果他能成功完成这次征服之旅，那么亚洲王国的边界就由沙漠和大海的海域组成——一个切实的结果就是，那些他征服的边界混乱的疆土，将变得易守难攻。

亚历山大大帝，莫卧儿（Moghul）小画像

亚历山大继续前进，除了这一务实的原因外，主要是由于他对冒险的热爱、对知识的渴望和对未知世界的好奇。

公元前326年，亚历山大率兵横穿广阔的印度大陆，到达拉合尔（Lahore，巴基斯坦城市）附近的比亚斯河（Beas River），当时正值河水泛滥，这里将是亚历山大远征，也是他本人一生的一个转折点（Bosworth，1988；Kazantzakis，1982）。他热切地要向无边的海洋开进，但是却错误地认为士兵和他是一样的心情。士气越来越低迷，而他却没有发现这种急剧的变化。八年的征战，冒酷暑、顶严寒，在连绵不断的季雨中前进，士兵们急切地想要逃离印度之征的恐怖，赶快踏上回乡之路。十多年前跟随亚历山大雄心勃勃地要穿过达达尼尔海峡的年轻士兵们，现在已是玩世不恭、久经沙场的老兵了。几乎没有一个人在经过如此磨砺后没有挂过彩的。所有人都精疲力竭，很多人都生了病，加之装备也凌乱不堪，整个队伍处于崩溃边缘。许诺更多金钱、允许他们掠夺战利品也已经起不到激励作用了。而且，亚历山大采用了波斯的生活方式，这也激起了士兵日益增长的敌对情绪，他们并不认同他不论文化、众生平等的观点，因此也不认可他强制他们与波斯妇女通婚的做法。一面是一切克勤克俭的马其顿国王，一面是极尽奢华荒诞的亚洲之王，他的双重角色也令士兵们感到很困惑（Green，

1991；Hammond，1998）。

在与波罗斯王（和他的大象）的艰苦对决刚刚取得胜利后，就到了这个危险的十字路口，亚历山大第一次发现他的个人魅力不起作用了。虽然他做了一场激动人心的演讲，激励将士们要将这场光荣的事业进行到底，他还是无法赢得犹豫的大多数人。他的一位主要将领，寇纳斯将军（General Coenus），毫无畏惧地说道："成功的人最应该知道的一件事，就是要知道适时而止。"（Arrian，1971，p.297）。其他士兵大声欢呼支持这一说法。亚历山大对寇纳斯的话及士兵们的反应感到极其不安，指责将士们在敌人领土上抛弃自己的国王，他说不需要他们，要自己前进，想以此让士兵感到惭愧。然后就像阿基里斯那样退回帐篷，平息自己的愤怒，尽力克服消沉的想法，并希望他的将官们能回心转意。但是将士们心意已决，三天后，亚历山大意识到他已经被逼到了死角上，继续坚持己见可能会引起军队叛乱。他还是如以往那般圆滑，专门做了一场祭祀来占卜是否要穿过汛期的河水，然后说他的占卜师们看到了继续前进有不祥之兆，因此要避免冲突。过后不久，他下令班师回国。

为了保全面子，亚历山大举行了盛大的活动来庆祝这一重大决定。他组织了马术和体育比赛，并且下令在比亚斯河岸建

亚历山大在比亚斯河请求他的军官们继续前进。亚历山大传奇：
亚美尼亚人手稿，14 世纪，威尼斯

造了十二座巨型祭坛，以作为其帝国边界东至的界标。一座刻有“亚历山大于此止步”简单话语的铜质方尖碑也矗立在那里。然而，亚历山大明白，恒河对面的土地其实很容易征服，因为那里的统治者软弱，不受欢迎。他的将士们拒绝跟他继续前进，而他将永远不会原谅他们。

为了尽量减少损失，亚历山大决定沿一条顺便可以攻克印度南部的路“撤退”。他组织了一支船队，沿印度河而下，在公元前 325 年 10 月抵达河口（即今天的卡拉奇，巴基斯坦港市所在地）。船队接着穿过波斯湾，同时亚历山大率队走陆路返回。这场艰苦跋涉穿越了今天的俾路支、阿富汗南部和伊朗南部的沙漠地区（由于缺少周密计划，补给不能及时跟上），更使队伍的处境雪上加霜，死伤无数。亚历山大与将士们同甘共苦，表现出了他的坚定不移：将士们没有马骑了——即使对畜生而言这也是一段极为艰苦的旅程——亚历山大跳下马背走在队伍的最前边；随从递水过来，他将水倒进黄沙表明将士们没水可喝，他决不独饮（虽然他还有伤未愈，也在苦苦支撑）（Arrian，1971）。

当亚历山大决定将不再适合服役的马其顿士兵遣送回家时，又发生了一场骚乱，这次是由那些感觉波斯“芭蕾”士兵受宠而自己遭受冷落的人挑起的。他们觉得亚历山大对他们的贡献熟视无睹，十分愤怒，一些人甚至取笑亚历山大，奚落他新招募的士兵和他的先祖宙斯－阿蒙神。亚历山大已经不适应这种直白的表达了，勃然大怒，斥责他的下属忘恩负义，提醒他们（在他看来）是他将他们从一贫如洗的流浪汉变为爱琴海最伟大的国家的公民的。然后他愤然离去，好几天不再见人，独自抚慰自己的沮丧。之后，他开始将马其顿军衔转授给波斯军队，身边全部换上了波斯人。马其顿人适时地软了下来，请求亚历山大原谅他们的所作所为，而且将闹事的煽动者供了出来。亚历山大决定不计前嫌，最后皆大欢喜。

骚乱之后不久，公元前 324 年，亚历山大最挚爱的朋友赫费斯提翁（Hephaestion）在苏萨（Susa，即今天的伊朗）死于高热。多年来，两人一直形影不离，一起在亚里士多德门下学习。悲恸欲绝的帝王削发悼念并下令将所有马匹和骡子的鬃毛及尾巴削去以示悼念。为了纪念他的朋友，他专门为赫费斯提翁举行了葬礼，其场面之宏大几乎空前绝后。过了一段时间，仍然无法从悲痛中解脱出来的亚历山大决定做点事情来麻痹自己的痛苦——对一个不愿屈服的部落发动了为期四十天的征讨。

后来，为了巩固阿拉伯半岛的征战成果，亚历山大花了大约一年的时间来规划他的疆土并且完成了对波斯湾的测量。公元前 323 年春，他到达前波斯帝国中心巴比伦。亚历山大和跟随他活着安全返回早期征服的土地上的士兵们，在大概十年的时间里共走了 20 000 多公里。

到达巴比伦后，亚历山大又沉浸到了一大堆的宏伟计划中，其中最重要的一项就是征讨他当初与大流士王结盟时拒绝承认他的阿拉伯。他预想要将亚洲和欧洲合二为一，巴比伦为其首府。为了达到这个目的，他将腐败官员统统处死，比以前更尽心竭力地将希腊的观念、习俗、法律传播到亚洲。亚历山大再一次重用波斯人在军中担任高级职位，声称波斯人和马其顿人应该共同分享帝国（继续推行两国通婚以促进两大帝国统一在一起的早期决定）。

亚历山大决定筹备一支庞大的海军，发动一场阿拉伯战役以巩固他在波斯湾的成果。他在筹备通过海战解决波斯湾海岸问题的过程中遇到很多不祥的征兆。然而，尽管如此，他没有停止为这次远征做准备。到了 5 月，他感染高热，卧床不起。怎么得的，是感染、疟疾（或其他的热带疾病）还是他的高级将领们害怕他的征服活动无法停止暗暗投毒所致，我们将永远

士兵哀悼亚历山大之死。亚历山大传奇：
亚美尼亚人手稿，14 世纪，威尼斯

不得而知。虽然亚历山大身体强壮，但是高热却无情地侵蚀着他饱受战争蹂躏的身体。一位马其顿官员坐在他的床边问他要将帝国留给谁。“留给最优秀的人（Hoti to kratisto）。”他低声说道。其他人后来坚持说他说的是“留给最强大的人”。虽然亚历山大指的是他当时最信任的将军克拉特鲁斯（Craterus），但仍有其他说法，因为“kratisto”（最优秀的）和“kratero”（最强大的）的发音听起来非常相近（Arrian，1971，p.394）。

亚历山大生病后不久，就于公元前323年6月10日去世，年仅32岁。虽然亚历山大大帝去世时，他的第一位妻子罗克珊娜（Roxane）已经怀孕，但他并没有留下继承人：妻子罗克珊娜和母亲奥林匹亚斯都被杀死了。国王的直系血缘灭绝了。他死后，他曾经苦心建立起来的帝国陷入了无政府主义的混乱中——将军们之间展开了一场血腥却没有结果的争夺。

尽管亚历山大的统治以混乱收尾，但是他的传奇即使到今天也仍然鲜活。亚历山大的探索和征服仍然在与人类的想象力对话（Hammond，1998），也记录在欧洲、非洲和亚洲的传奇中。在波斯，亚历山大被看成双角神（Sikander，因为画像时他总爱戴上阿蒙神的两只公羊角）。阿富汗部落人和希腊渔民都把他看成祖先的守护神。而世界各地的很多人则把他视为领袖的典范。

当然我们看到亚历山大也有阴暗的一面。例如，他围城后无情钉死的2 000名提尔居民。还有其他争夺权势的残暴，包括最后打败大流士王、宫廷充满钩心斗角时他对最忠实的助手的折磨和杀戮，以及对征服的印度人民的残酷无情（那时正当脾气暴躁、无心冒险）。做出这些行为的理由至今仍备受争议。在今天的伊朗，亚历山大仍被看成邪恶之王——魔鬼的化身，实际上，他曾尽力摧毁高高在上的古老的波斯文化和宗教，并抬高波斯波利斯的位置。在阿拉伯人的记忆中，他常被等同为鬼怪，是小孩子不听话时妈妈用来吓唬孩子的例子。

不过尽管有邪恶的一面，亚历山大还是给后世留下了巨大的影响。他是如何获得成功的？他是怎样一步步在他的子民（及后来人）中创造了一种意义？是什么使他成为如此与众不同的一位领袖？关于领导这个话题他又能教给我们什么？

第二部分
领导才能

ARE LEADERS BORN OR ARE THEY MADE

THE CASE OF ALEXANDER THE GREAT

亚历山大太阳神赫利俄斯造型，陶土奖章，公元前 1 世纪

第七章　意义管理

ARE LEADERS BORN OR ARE THEY MADE
THE CASE OF ALEXANDER THE GREAT

意义管理是高效领导力不可或缺的。高效的领导者直接向其追随者集体想象力发表讲话。他们清晰地描绘并与听众分享自己的梦想，对未来的状态做出栩栩如生的描述，触动听众最无意识的神经，从而创造一种群体认同感。他们拥有一种令人感到不可思议的能力，可以将其内心世界外化并展现在公众的舞台上。他们知道怎样使个人理想和历史时刻契合，通过使用语言、仪式、符号和环境来孕育意义管理这个过程。

意义管理是高效领导力不可或缺的。高效的领导者直接向其追随者集体想象力发表讲话。他们清晰地描绘并与听众分享自己的梦想，对未来的状态做出栩栩如生的描述，触动听众最无意识的神经，从而创造一种群体认同感（Freud，1921；Kets de Vries，2001a）。他们拥有一种令人感到不可思议的能力，可以将其内心世界外化并展现在公众的舞台上（Lasswell，1960）。他们知道怎样使个人理想和历史时刻契合（Erikson，1958，1963），通过使用语言、仪式、符号和环境来孕育意义管理这个过程。

领导能力和表演艺术、生意和舞台——有效的领导者使用高明的策略将这些力量整合起来以获得心理支持。很多优秀的领导者都具有出色的演讲才能，知道怎样运用幽默、反讽和通俗口语。虽然他们使用简单的语言——受众的语言——直接对其追随者的潜意识讲话，但是他们也善于采用明喻暗喻等修辞方法来帮助其建立一种认同感。而且，他们会利用文化渊源，唤起（或仿效）历史和神话人物作为榜样。所有这些，高效的领导者能适时（或者推迟）且不着痕迹地加以利用的手段，都是将其想要表达的含义传达给他们的听众的工具。

强有力的（也有人可能说“有魅力的”）领导者使用的符号交流方式具有令人情感不安的特性，这种特性会引起其追随者依赖、退缩和移情等潜在的危险的反应（Freud，1905；Kets de Vires，1989）。有时候，领导者和追随者之间的心理关系就如同催眠师和被催眠者之间的关系。领导者（通过他们传递出的令人信服的权威信息）重新唤起统治者和屈从者之间曾经的关系，从而激起追随者想要得到保护的欲望，引发某些重要人物从童年起就与其当代的人物之间的纠结的依赖反应（Bion，1959）。过去和现在融合在魅力四溢的领导者身上，他/她就成为追随者幻想和希望的寄托了（Freud，1921，1929，1930）。换言之，追随者将领袖“理想化”了。

高效的领导者知道（有意识或无意识地）在意义管理的过程中，需要用清晰的形象来塑造环境，创作一个摩尼教般光明和黑暗势不两立的世界。因此，要在我方阵营和他方阵营，圈内人和圈外人，好和坏之间画一道清晰的界线——找个替罪羔羊是有效的工具。这不仅有利于强化群体身份，还可以使追随者摒弃那些不理想的（或不良的）特性，将这些特性转移到别人身上。一个优秀的领导者，利用替罪羊（将那些刻板的、不同的要求舞台化、戏剧化），可以将追随者的个人恐惧、敌对情绪和个人抱负转移或投射到一场社会事业上，从象征意义方面找到解决之道。这种将内部问题外化的逆序法可以释放紧张情绪。

显然，意义的管理绝非易事！历史上很少有人能像亚历山大大帝那样娴熟地做到这一点。他直接对话士兵想象力的才能，激励鼓舞士气的才能，而且通过象征性的举动将自己的想法传递给士兵的能力都极富传奇色彩。亚历山大着手远征亚洲时，就明确地表达了自己的意图：渡过达达尼尔海峡后他将长矛直掷亚洲的土地，宣布自己成为亚洲新的统治者。他声称（这是他一贯的做法）他要雪薛西斯（伟大的帝王）早年入侵希腊的耻辱，这就再一次明确了他的意图。亚历山大将他们所从事的事业的正义感清晰地灌输给士兵，赢得他们的支持。

亚历山大具有通常只有先知才有的“慈悲宽容”，他的个人魅力也很有传奇色彩。他具有将普通的劳动者改造成出色的士兵，将任何岗位上的士兵最优秀的潜能激发出来的特殊才能。他通过夸大风险——例如在伊苏斯战役中他跟士兵们说他们遇到了不可战胜的困难，又向他们保证决不会屈服于挑战，通过这种方式他让士兵们感到自己是与众不同的。如果需要，他们随时愿意接受任何挑战。亚历山大知道怎样“拉伸”手下人，让他们坚定忠诚，充满斗志。

亚历山大极具创造力，随时准备改变现状。他在利用新办法应对复杂情形时具有超乎寻常的天赋。他知道怎样使用对话。通过探查别人的内心他总能找到很独特的解决办法。他跟对手打交道就跟与同盟打交道时一样具有想象力。他总是寻求新的途径去看问题，不管是战场上遇到的问题还是平时遇见的问题，一概如此。

亚历山大能让他的手下感到受重视，此外他还善于使用心理战术来触动或感动士兵，通过行动来表示他能够与他们感同身受。他具有所谓的“泰迪熊因子”——使别人感到舒服的能力（Kets de Vries，2001a）。他是别人的感情的大“容器”，让他的士兵感到很自在。而且，他传达给人一种印象，即他什么时候都有时间跟任何一个想跟他说话的士兵交流（虽然他很忙，而那只是一个幻觉）；而当有人跟他说话时，他确实能倾听。他不仅仅看起来是，而且确实是一个真正体贴的将军。

亚历山大的领导风格易于培养认同感，促进集体团结，主要是因为他自己做出了优秀的榜样。他不是那种靠在椅子里只说不练的将军或指挥官，他跟士兵一样生活，说一样的话。他也会像士兵一样负伤，跟他们一起睡帐篷（至少在迷恋上波斯的生活方式之前是这样），跟他们一起吃饭，共同面对困难、接受挑战。他随时愿意跟手下人喝一杯或者跟他们玩掷骰子游戏。和近卫军官们喝酒聚会是一个互相吹捧的好机会——可以重温一下以前的丰功伟绩。战场上，他总是站在队伍的最前面，插着两根羽毛的白色头盔非常显眼。任何进攻他都身先士卒：第一个渡过河流，第一个冲上岩石壁垒，第一个越过敌人的阵线。与大流士王不同，他在战场上从来都不会恐慌。相反，他能极为镇静。每次战役即将开始之前，他都会骑着马在队伍中穿梭，挑出典范，赞誉他们以前的伟大成绩，以此来鼓舞士气。他要到每一纵队面前，直接跟士兵们讲话，再次表扬那些立过功的战士。每次行动他都要讲其重要性，并向士兵们保证他们的贡献会得到承认。战后，他还会去看望大家，检查他们的伤口，赞扬他们的英勇无畏，慷慨地奖赏他们取得的成功，倾听他们的英雄事迹。他还为牺牲的人举行豪华的葬礼。

战争间歇或和平时期，他还安排大家游戏比赛，给大家提供娱乐的机会。这种良好的上下级关系，从一开始就很有特色，并且几乎持续到了最后。

付出就有回报。对领袖的热爱激励着他的军队，鼓舞着大家跟随他不断前进，屡战屡胜。他们的国王毫不松懈的决心通常就是士兵们面对几乎不可能战胜的困难时继续前进的唯一动力。

对符号的操纵

正如我们看到的，亚历山大在激励士气方面绝不外行。作为最早的形象营销师，他可能是第一位组建宣传部门的征服者。亚历山大征战过程中，每天的活动都由亚里士多德的侄子，远征行动的官方史官卡利斯蒂尼（Callisthenes）做记录。亚里士多德的这位侄子充分利用了他的官方快电，既有忠实报道，也有为了配合亚历山大的目的对其占卜活动的解释。在那个历史年代，神的征兆极有鼓动力。相信神站在自己一面是对士气的极大鼓舞。作为符号运用的大师，亚历山大总在情势所需时利用牧师和占卜师来帮助自己，关键时刻，他会依赖最宠爱的占卜师亚里斯坦德（他追随亚历山大整个亚洲之征）的建

女神雅典娜，希腊西锡安（Sicyon）
金币，公元前 323 年

议做决定。

亚历山大踏上亚洲土地后做的第一件事就是到特洛伊祭拜智慧和战争女神雅典娜和他臆想的祖先阿基里斯。通过这种方式，他将希腊人英雄的过去和摆在自己面前艰苦卓绝的任务相对照，赋予了自己阿基里斯的角色。当他抵达戈尔迪（位于今土耳其境内），面对“戈尔迪之结”终于失去耐心挥剑斩断时，这一举动反而闻名于世，使他出其不意地成了公众的中心（当地圣人宣称解开戈尔迪结之人必将统治亚洲）。公元前 332 年，在埃及锡瓦绿洲（Siwa，著名圣人阿蒙神所在地），牧师再次宣称亚历山大具有神的血统，阿蒙神（被等同于希腊最高神，“万神之神”宙斯）是他的生身父亲。亚历山大或许相信了这些说法，但是为了宣传，他鼓励别人这么说的可能性更大些。他经常引用牧师的证明，将他们的话（还有圣人或其他人的预言）糅进他将来的征服故事中。这些与神的联系确实有助于神话故事在他周围的人中间流传（Fildes & Fletcher，2001）。当他听说塞勒斯大帝的墓地遭到亵渎时，十分震怒，下令彻底重建，因为他把自己看成这一伟大帝王的后代。对坟墓的亵渎就象征着对自己的侮辱。

亚历山大，蒙神启示的表情，希腊大理石雕像

“名门幻想”和寻求神性

既然亚历山大对他神圣的英雄的先人很感兴趣，那么再回顾一下“名门幻想”这个概念，也颇值得玩味，儿童在调和父母冲突这一艰苦时期通常都怀有一种幻想，心理学家把这一幻想称为名门幻想（Fenichel，1945）。名门幻想是一个很诗意的故事，在这个故事中儿童想象他/她的父母比现实中的父母更杰出，他/她在幻想中努力证明自己而且力求独立。我们也可以把它看成是对令他/她不满的父母的一种贬低：他发现现在的父亲/母亲有很多缺点，而幻想中真正的、善解人意的父亲/母亲一定是别人，而且是更优秀的人。

年轻的亚历山大在母亲的鼓励下（特别是早期家庭和睦的情形被打破时），幻想他俗世的父亲并不是他真正的父亲，他真正的父亲是宙斯——一个他将半人半神的赫拉克勒斯和神话英雄阿基里斯整合在一起丰满起来的幻想。尽管是个幻想，但是随着时间的推移，亚历山大越来越重视这个幻想了。他母亲话里对他的神的血统的影射，以及他与埃及牧师的交流，都指向了这一方向。他越来越觉得自己的成就——现在在他自己看来已经盖过了赫拉克勒斯和阿基里斯——为他在万神殿赢得了一席之地。如果他自己被视为神，那么这一“晋级”将不仅仅能有力地约束他开创的帝国，而且能帮助他超越他具有同样野心的父亲。

对形象的操纵具有更加可视的一面。例如，亚历山大将衣服的选择作为一种宣传工具，该穿本族服装的场合就穿本族服装，在盛大的宴会上就穿紫袍、戴宙斯–阿蒙神的带角的公羊头。亚历山大还具有利用自己的画像来达到政治目的的才能。他在位期间，一直严格控制自己的公共形象，无论是雕像，还是画像。在画像和钱币上他经常被塑造成长着神角的宙斯–阿蒙神；有时候以戴着狮皮头盔的赫拉克勒斯示人；而在巴比伦制造的钱币上他被描绘成手擎雷电的宙斯。他最喜欢的雕刻家留西波斯（Lysippos）通常都把他雕刻得英武逼人。正如这些事件中表现出来的一样，将自己神化成了亚历山大一生一个主要的追求，特别是在后几年。

第八章　深入帝王内心世界

ARE LEADERS BORN OR ARE THEY MADE
THE CASE OF ALEXANDER THE GREAT

亚历山大是一个光明和阴影、冲动和冷静、自私和无私、美善和邪恶的复杂混合体。虽然他极其渴望得到别人的爱戴，但是他的行为却常常激起别人的怨恨。他的情绪总是走极端，刚刚还是慈爱有加，忽然之间就是无法遏制的暴怒，很快又变得失落沮丧。

我们试图评价亚历山大时，必须提醒自己，我们所面对的这个人物，二十多个世纪以来一直是神话和传说的源泉。亚历山大让他的时代相形见绌，这一点可谓前无古人，后无来者。我们读关于他的故事时——即使在他死后不久写的故事——也很难判断哪些内容基于事实，哪些内容浸染了他活着时就已经流传的神话色彩。对于这一位伟大的征服者，即便来个彻底研究，特别是这一研究试图去描绘他的内心世界时，结果极可能是一幅混沌不清的画像。

追求个性的演员

关于亚历山大的个性，学者们似乎没有太大争议。不过，公元前 323 年亚历山大去世后，对这位君王的描绘就越来越汇聚成三个阵营了：

1. 一个学派认为他是残忍、嗜血、自恋的自大狂。秉承这一观点的学者认为他是一个凶狠的、唯利是图的马其顿人，他不仅仅掠夺东方的财富，还是一个通过恐吓暴力方式将自己的意志强加于人的独裁者，他们认为应该把他与希特勒并列，载于暴君史册中。

2. 还有一部分学者认为亚历山大是一个具有魅力的、很有人性的传教士，他矢志不渝要将已知世界中的不同民族统一起来，建立一个各种文化能互相包容、男人和女人都能像兄弟姐妹一样和平共处的博爱世界。

3. 第三派学者取中间立场。坚持这一立场的人认为亚历山大开始时是个热心肠的好国王，重承诺、目标高尚，但是在进入波斯、学会奢华、捣毁巴比伦之后，就变成了一个专断的暴君。他受了“东方式”的腐蚀，因为过度饮酒而身体衰弱；时常笼罩在沮丧的阴影中，变成了一个滥杀好友、极度迷恋自己、想要被当作神一样来敬奉的狂人。

从这些矛盾对立的描述中找出真实的亚历山大实在不易。不过，在不同观点中寻求共识尽管很难，但是他的很多方面却重新浮现在我们眼前。亚历山大从书页中注视着我们，我们从他身上觉察到了某种风格，某种将他自己与外部现实联系起来的行为模式，还有某种内在气质。核心问题是：引领他的更主要的目标是什么（Horowitz et al.，1984；Luborsky & Crits-Cristoph，1998；McDougall，1985）？从谱写他内心世界的“文本”中我们能推断出什么？

让我们由外而内好好研究一下亚历山大大帝。画像和雕塑中的亚历山大是一个超常俊美、修剪利落的男人，与同时代的同龄人相比个头偏低。史料记载他身强体壮，是一个协调性很好的优秀运动员，喜欢激烈的活动，如赛跑、球类运动等。而且，他还喜欢读书、音乐和戏剧。他会弹奏长笛和竖琴，喜欢高雅的诗歌艺术，同时也爱好如狩猎之类的血腥活动。他善于言辞，是一个著名的演讲家。他对朋友及手下极其忠诚，仁慈慷慨，具有无穷的风度和个人魅力。虽然他有好几个亲密伙伴，但他对性似乎不是特别感兴趣（据说他年轻时，奥林匹亚斯为了让他对性有所认识，特地找了一位优雅的宫女给他当

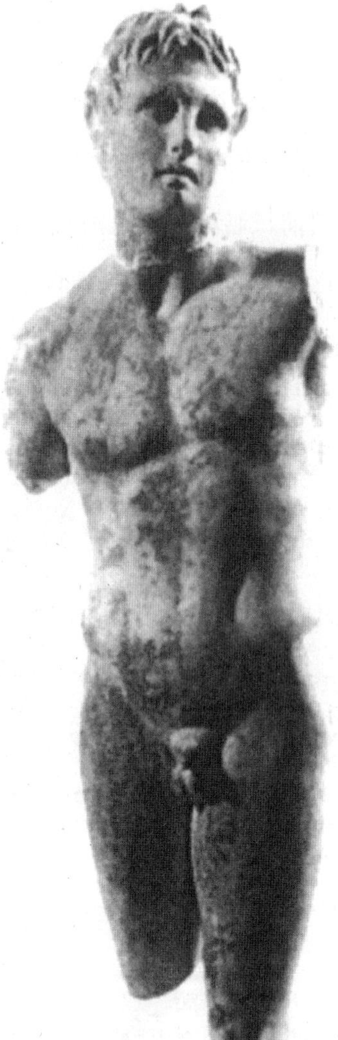

亚历山大牧羊神（Pan）造型，大理石雕像
副本，留西波斯（Lysippos），3 世纪

妾，但这一尝试失败了）。

亚历山大是一个光明和阴影、冲动和冷静、自私和无私、美善和邪恶的复杂混合体。虽然他极其渴望得到别人的爱戴，但是他的行为却常常激起别人的怨恨。他的情绪总是走极端，刚刚还是慈爱有加，忽然之间就是无法遏制的暴怒，很快又变得失落沮丧。

亚历山大个人没有太多的需求，他一直都跟士兵过一样的生活，这种情况直到他统治时期的后几年才有了变化。虽然安逸的生活和大量的财富到手时也让他感到很享受，但是他之前并没有把精力放在这些事情上。根据大多数的记载来看，他的主要前进动力就是英勇和荣誉。上了战场，他要做的就是取得胜利，从一开始就将自己撑扩到了极限。尽管如此，因为他对自己要求极高，所以似乎永远也不满足于所取得的成就。他总是渴望新的突破。为了感觉仍然活着，为了获得一种“流动”的感受，他需要不断去征服（Csikszentmihalyi，1990）。

亚历山大对知识如饥似渴，热爱学习，极其聪敏，勇于冒险。他想每天（甚至每小时）都能扩展视野，最大限度地利用生命。他被所有一切的未知事物吸引着，喜欢冒险，热衷探索。他想象力丰富，具有创造性，一刻不停地去开拓广阔无边

狄俄尼索斯与赫拉克勒斯，希腊红绘人物花瓶

的疆域，寻找未知的事物。他被一种不断追求成功的紧迫感驱使着。但是，正如他一生的经历告诉我们的，这种对成功的需求却蕴含着自取灭亡的因子。

内心偶像

亚历山大内心世界的楷模——当然是那些高尚的楷模——阐释了他为自己设立的“延伸目标”。这些楷模包括一位君王（塞勒斯大帝）、两位神（宙斯和狄俄尼索斯）、一位半神半人（赫拉克勒斯）、一位史诗作家（荷马）、一位英雄（阿基里斯）和一位哲学家（亚里士多德）。在这些模范的指引下，模仿英雄的行为成了亚历山大行动的动力（Bosworth，1988）。要赶上这些人物，做出和他们一样的功绩，简直就是无比困难的事情。面对自己的成就和期望之间的差距，亚历山大一定承受了巨大的压力。这种自我—理想和自我之间的紧迫感肯定让他片刻不得安宁，驱使着他不懈向前。

亚历山大很清楚塞勒斯大帝的功绩，并且处处模仿他。祭拜塞勒斯大帝的墓地时表现出来的虔诚显示了亚历山大对这位君王的兴趣。色诺芬（Xenophon）的《塞勒斯的成长》对他的影响很大。这位希腊史学家把塞勒斯描述成一个解放者，而不

戴狮形头饰的亚历山大，原铜像的大理石副本，
公元前 3 世纪，雅典国家博物馆

是单纯的征服者，因为他尊重日渐扩大的帝国中任何地方的风俗和传统。他能把敌人变成朋友，被被征服者拥戴为父亲。亚历山大在创建自己的帝国的过程中也模仿他的样子来对待被征服的领地。

亚历山大所属的皇家王朝可以追溯到赫拉克勒斯家族。因为赫拉克勒斯是宙斯的儿子，所以这些皇室成员可以（确实）把自己看成宙斯的后代。亚历山大还很小的时候，他的母亲就鼓励他把自己看成神的后裔——埃及牧师在锡瓦的行为（还有亚历山大的宣传机器中具有神授权的先哲们的行为）更强化了他这一信念。亚历山大一生都在与他的神的血统若即若离。正如我们提到的，在一些画像中，亚历山大甚至明明白白地被刻画成手持雷电的宙斯。“万神之神”宙斯完全就是他要达到的目标。无法想象还有什么目标能高过这个目标，这一定给亚历山大带来了巨大的压力。

如我们前面看到的，奥林匹亚斯在亚历山大还是个孩子的时候就让他接触了狄俄尼索斯膜拜仪式。人们相信狄俄尼索斯不仅能通过酒和狂欢活动来解放人们，而且还可以赋予他们神的创造性。因为这种天赋，他是艺术的守护神，而艺术这一领域对亚历山大具有极大的吸引力。据说狄俄尼索斯在成长过程中，游历过很多地方，去征服、教化、传播膜拜他的仪式。沉浸在狄俄尼索斯神话中的亚历山大，对其他的宗教也充满好奇，感觉自己也必须像这位神一样到各地去游历，寻找（发现）他存在过的痕迹。

如果模仿是最真诚的恭维方式，那么亚历山大对赫拉克勒斯的认同和与之一较高低的行为就是对赫拉克勒斯的最大恭维了。在众多希腊英雄中，赫拉克勒斯以他超群的力量和勇气著称。亚历山大希望自己也能像赫拉克勒斯那样做出不平凡的业绩，如攻下坚不可摧的岩石堡垒、横贯广阔的印度河（这些是狄俄尼索斯和赫拉克勒斯都从未做到的）。像赫拉克勒斯一样，他也认为自己拥有两个父亲（一个是凡人，一个是神）。他要像赫拉克勒斯一样超越凡神界限（他是这么希望的）。亚历山大对赫拉克勒斯的认同帮助他以极大的耐心战胜痛苦、饥饿、焦渴、酷暑、绝望及种种苦难。

亚历山大经常把自己描绘成穿着狮皮铠甲的人，模仿赫拉克勒斯杀死复仇女神坐骑神狮的样子。他希望得到别人同样的敬仰：或许他残酷报复提尔城，部分是因为那里的人民拒绝祭祀被他等同为赫拉克勒斯的神 Melquart。

亚历山大的行为还受到荷马精神的指引，荷马经常出现在他的梦境中。亚历山大是《荷马史诗》的忠实读者，甚至于《伊利亚特》都成了他的战争手册。他有一本特制的《伊利亚特》随时都带在身边。他带着这本书征服了两百万平方公里的土地，睡觉的时候则将书压在枕下。

《伊利亚特》讲述的是特洛伊战争中古希腊的英雄、战争和荣耀的理想。亚历山大非常痴迷于其中的诗行，并且可以大段大段地背诵下来，把自己想象成古代的英雄。史诗中他最欣赏的英雄是阿基里斯，据说他是阿基里斯的直系子嗣，因为是阿基里斯让他母亲受的孕。终其一生，亚历山大都在跟这位英雄竞争，他想以自己的行动超越阿基里斯的功绩。他跟阿基里斯一样，想成为超人英雄及斗士，所以在战斗中常常把自己置于极其危险的境地。

亚历山大的内心世界受着这些杰出的形象的指引，同时和亚里士多德，他的老师及当时最伟大的哲学家的交往也深深地影响了他。正如我们前面看到的，亚里士多德帮助这位年轻人看清了（衡量清了）成为一位哲学家国王意味着什么；还教授了他管理一个庞大帝国所需要的知识技能，激励起他的求职欲和探索的精神。虽然亚里士多德起初只是年轻人现实中的导师，但是慢慢则成了强大的帝王的内心的导师，他的一些理想帮助亚历山大在征战过程中做出有创见的决定。

所有人都会将一生中教过他们的关键人物的教导内化。这个内化过程源于他们的父母和早期的看护人。父母唤起的这种形象就成为他们以后的偶像的基础。他们会刺激成长中的孩子的想象力，绘出决定他/她内心世界的脚本（McDougall，1985；McDougall，1989），他们又为脚本中那些突出的主题着色。随着孩子慢慢长大，这种遗传发展的因子开始在大脑的神经线路中以一种复杂的过程交织缠绕（Lichtenberg，1991；Lichtenberg et al.，1992）。因此，早期的看护人所做的一切在决定以后他们的认知情感进程、行为模式和行动方面起到重大的作用。

恋母情结的胜利：超越父亲

亚历山大最著名的一句话就是："我宁愿辉煌一时不愿苟活一世。"（Plutarch，1992，p.220）这句话并不是信口开河。从幼年时代起，亚历山大接受的训练就是要成为一个伟大的统治者。他下定决心，不甘平庸，他短暂的一生都在为实现这一目标而努力。

正如众多史学家证实的，正是那种追求成功的强烈的欲望使亚历山大无法停下来。他性格的核心、对成功的欲望不允许他放弃，甚至不允许他有丝毫懈怠。任何问题他都不愿听到否定的答案，因为达不到他所设立的目标是不可想象的事。旁人只要说他想干的事简直是不可能实现的，他立刻就会斗志满怀。他会立刻从床上爬起来，开始向前冲，迫不及待地要证明对方是错的。只有很少的几次，他没有得到想要得到的东西，就一下子暴怒发狂，或者（如果不能立刻行动的话）陷入沮丧。

虽然父母双方对他的影响都很大——他们对他高标准严要求、敦促他凡事都要做到最好（当然自己也是以身作则）、给他聘请最好的老师以帮助他达到他们设立的标准，但是亚历山大孜孜不倦地追求成功，达到了让人难以置信的地步，显然主要是根植于他母亲的支持。奥林匹亚斯才是亚历山大最信任的支持者。历史学家说这位母亲灌输给他儿子的是：他有能力做任何事情，他的能力远在父亲之上，任何时候他都能超越他的父亲，他实际上是宙斯之子！“如果一个男人是他母亲无可争议的最爱，他一生都会有一种胜利的感觉，成功的自信，这一点通常会在现实中让成功伴随他左右”，或许当弗洛伊德在写下这一观点的时候脑海里正浮现着亚历山大的身影吧（Freud，1917，p.156）。

当孩子发现现实跟父母口中高尚的理想不匹配时，这种过度的激励就会造成很多问题（Kohut & Wolf，1978）。不过亚历山大还是很幸运了，因为他的周围还有他的父亲、他的乳母和他的老师们——这些人润物细无声地影响着他；他们在他的心理等式中放入活生生的现实。亚历山大的天赋没有伤到任何一方，反而帮助他一步步接近为他设定的高标准。

亚历山大青少年时代，父母之间的争吵不断升级，他就充当了奥林匹亚斯的代理人，经常（明着或暗着）按母亲的意愿去办事。作为代理人，他想要超过"不可信赖"的父亲，博得母亲的欢心。奥林匹亚斯和亚历山大结成了对抗菲利普的"不洁联盟"（Willi，1982，1984）。作为独生子和继承人的亚历山大，维持了父母之间的关系，使他们之间的争斗一直没有表面化，不过这种争斗最终还是浮现出来，并且移挪到了世界的大舞台上（Lasswell，1960）。在整个家庭战争和世界征战的过程中，亚历山大对胜利的需求，对超越所有人力求最好的需求，一直如影相随伴着他。

特别是亚历山大要超过父亲的强烈愿望，使他与已经很成功的父亲之间的关系罩上了一层阴影（最后终于恶化了）。正如我们前面看到的，亚历山大还很小的时候就对他的朋友们说过：“我父亲将处处压制着我。他没有留下任何可以让你我展示给这个世界看的丰功伟绩了。”（Plutarch，1973，p.256）菲利普国王处事果断有成，亚历山大觉得要证明自己的价值就必须做出更伟大的事迹来。前面提到的他早期取得的成功很多跟他父亲的成就是分不开的：亚历山大决心驯服宝马布斯菲勒，部分是因为还没有人——甚至他的父亲——曾做出过这个壮举；他征服色雷斯族，建立以他的名字命名的第一座城市亚历山大城时，觉得这种胜利格外甜蜜，因为菲利普在一次战役胜利之后也建立了一座这样的哨岗城市；因为菲利普被授予终身制的神的荣誉（马其顿宗教仪式中授予人的殊荣，特别是在死后），因此亚历山大对神的荣誉的向往就越发急迫。在所有这些成就中，我们可以看出亚历山大想要超越父亲的渴望。

亚历山大和父亲之间的关系是复杂的，既充满了激烈的竞争也包含了真诚的崇拜。这位长辈为亚历山大树立了正面的有益的榜样（尽管受到奥林匹亚斯的苛责），当父亲承认了自己的成就（虽然有时这种骄傲因为他的宝贝儿子的行为而变得不怎么愉快）时，亚历山大也十分自豪。正如前面写到的，不管父亲感到儿子会成为一个多么强劲的对手，都没能阻止他让儿子享受最好的教育。虽然亚历山大也感到父亲是个强劲的对手，但是这个天才的青年不仅急于提高自己，而且更渴望取悦父亲和母亲。只是到了十七八岁时跟父亲的关系才开始变味变质。

我们可以推测，从那时起菲利普就开始担心儿子的野心过大，担心自己的王位会受到威胁。臣民们管菲利普叫将军，而管亚历山大叫国王，这一定让这位君王难以忍受。同样，他也一定很难接受自己一天天衰弱（现在他已经因为战争留下的创伤而有点儿脚跛眼花了），越来越不如儿子，当儿子在战场上救了他一命后就更凸显了这一现实。亚历山大健壮英武、聪明早熟、英俊帅气、积极向上、很受士兵的爱戴——仅仅亚历山大的存在这一现实每天都在提醒着这位老人，他自己正日渐衰弱，一步步走向生命尽头，很快亚历山大就要取而代之。而且，菲利普并没有忘记，在古希腊弑父是很随意普通的事（一个像奥林匹亚斯这样危险的女人很喜欢的游戏）。难怪他想要废除先前的传位计划呢。

补偿性抗争

无论是青少年还是成年之后，对于像亚历山大这样的成功人士，我们不禁要问：他对于胜利，对于超越的需要，是纯粹的自尊感的表现，还是更复杂的情感综合作用的结果？他的动力是心理学家们所谓的建设性的自我崇拜发展（constructive narcissistic development）——一种健康的自爱，还是掩饰自卑情感的结果呢（Kets de Vries，1994）？亚历山大是不是被心中那个自己永远也不够优秀的疑虑困扰着？或许他的父母在小心翼翼培养这个防范心很重的儿子的竞争精神的过程中，不期然在他身上植下了恐惧的种子，使他总是担心自己永远也达不到父母期望他达到的奥林匹亚的高度。亚历山大一直希望得到肯定，这表明他的极度自我肯定很可能是一种“反作用”的反应，是一种克服潜在的内心疑虑和不安全感的尝试。正如我们前面看到的，亚历山大喜欢别人在他面前谈论他的业绩，甚至这种欲望从来没有得到过充分的满足。他短暂而辉煌的一生向我们表明，对卓越的补偿性的追求，如若这种追求有杰出的才能做后盾，就可以成就非凡的业绩。

另外一个揭示亚历山大的内心总是受到困扰的因素是他具有“强迫性重复”（repetition compulsion）的倾向，即一次又一次重复某些行为的强迫性，一种基于痛苦压抑的记忆产生的行为。对于有些人来说，重复或许是他们可以掌控的一种模式。对生命中经历过的各种消极的、令人困扰的事件进行积极的重复，可以产生一种控制感并且带来心灵上相对的平静（Loewald，1971）。对于亚历山大而言，超越他的父亲还远远不够，他觉得在一两件事情或两三件事情上的胜利说明不了什么。为了强化他的优越感，他必须不断重复同一模式（虽然这种重复并非一定是有意识的）。这种强迫性重复在一定程度上就是亚历山大无休止追求新的胜利、无法停下来巩固既得胜利的原因。

躁性防卫

亚历山大是一个极其注重行动的人。他的这种倾向是其成功的重要因素，但最后也终于给他带来了麻烦。他对行动的强烈的需求表明他具有一种“躁性防卫”的特质，意即用这种方式来避免思考和感觉。受到抑郁性反应，罪恶感和隔离感困扰的人有时会“突然行动”来逃避这些恶魔（Etchegoyen，1991；Klein，1948），亚历山大似乎就是这样的人。他不断寻求新的挑战以免被焦虑挫败。面对敌人或身处似乎不可能成功的境地时他才能发挥出最佳状态。他总是在追逐危险，好像要征服的第一大敌就是自己的恐惧，他在战争中会更加生机勃勃。通常类似的活动如战斗，对于亚历山大来说就是“反恐惧”治疗，让他内心的那些恶魔无法出来作祟。因此，征服渐渐演变成了一种目的，而不是达到目的的手段。

比亚斯河事件中，他的部下们不愿继续前进，因此他无法继续向无边的大海开进，被迫掉转方向班师回国，之后，他完全茫然了，不知道自己以后应该做什么了。他失望愤怒，将自己关在帐篷里，崩溃了一般躺在那里，不吃不喝（Green，1991）。他需要行动，只有这样才能运转起来，就这么简单。在他的好友赫费斯提翁死后，也是这种对行动的需要驱使着他：悲伤了一段时间，又进入一种必须马上行动的紧急状态——组建舰队、扩张军队、发表演讲、参加奢华晚宴——不停地奔波在这些活动之间就是为了将那种压抑的焦虑驱逐开。

作为一种领导风格，不管哪位领导，这种在欲望驱使下的行动都会引发一些问题。对于亚历山大而言，这种欲望蒙蔽了他的眼睛，使他看不到巩固征战成果的必要性，也使他听不进马其顿将军们敦促他将巩固帝国作为当务之急的意见（这些将军知道进一步征战会产生恶果）。稳固帝国的建议只会让他更加焦虑。

躁郁性气质

亚历山大的行为中含带着一种躁郁性气质，即一种情绪极大波动的倾向（Goodwin & Jamison，1990；Jamison，1993；

Kets de Vries，2001b；Solomon，2001）。我们知道亚历山大的情绪极易两极化——一会儿体贴、善解人意，一会儿又喋喋不休、大发雷霆。敏感的青少年时期，因为宫廷中菲利普独裁统治，他的这种两极化情绪大多数情况下不会受到别人的管束。

具有躁郁性气质倾向的人通常都会有一些奇怪的情感交织在一起：一会儿兴奋狂喜，一会儿又感到空虚孤独。这种起伏变换会不定期地出现，通常会导致一种不同寻常的行为品质（正如亚历山大表现出来的一样）。

研究表明情感紊乱是遗传性的，躁郁性气质也不例外。躁郁性行为含有遗传因素。因为奥林匹亚斯的行为就很古怪，所以我们可以设定亚历山大的某些躁郁性气质就是从她身上遗传下来的。生活中一些高压紧张的事件（亚历山大遇到的足够多了）也是造成这种情感紊乱的因素。

躁郁性气质有一种积极向上的非凡的吸引力，通常被当作个人魅力。具有这种气质的人体力充沛、思维活跃、热情四溢、喜欢广交朋友、感情热烈、有使命感、对自己及自己的看法充满自信（近乎自大）、有强大的说服力能让别人相信自己的观点、愿意涉足别人不敢涉足的地方、乐观向上、高度警觉、具有敏锐的观察力、勇敢、愿意冒险（近乎莽撞）、没有耐心、心情难以琢磨、注意力只能在短时间内集中。

正如前面讲到的，亚历山大在危险的处境中才能调整到最佳状态。正是那些处境将他推向最佳状态。例如，在战场上，他才感觉到真正活着，才感到欣喜激奋，才有一种强烈的现实感。这种兴奋“高涨”时就如躁郁性气质通常表现出来的那样，是具有传染性的。他的这种积极的心态鼓舞激励着士兵们做出伟大的业绩，并能把别人吸引到自己身边受自己支配。正是躁郁性气质的这个方面将情感的紊乱和个人魅力拧在一起，使拥有这种气质的人（或者被这种气质支配的人）走到了领袖的位置。躁郁性气质高涨的活力——及他们与人交往时的放荡不羁，他们的人际关系魅力，他们寻找别人弱点并加以利用的能力，他们潜意识或无意识的那种感知力，以及无拘无束的神态——创造出一种特别的人际或群体动力，能积极地影响他们的行为，并激励那些受他们影响的人做出非凡的努力。

不过，这种行为也有其阴暗的一面。每一次昂扬向上之后就会跌入低谷，渐渐变得沮丧、忧郁、死气沉沉、无助，还会以泪洗面、充满自杀念头、自我否定、自我责难。这种阴暗的情绪跟热情向上的情绪一样具有传染性。即使如此，躁郁症的正面情绪也会带来麻烦。因为他们具有传奇般的行为品质，所以指向错误的躁郁气质可能会像穿彩衣的吹笛人一样，将人民引上歧途，追求那些对他们自己和他们的体制来说代价高昂的目标。另外，躁郁症到了极其狂躁的阶段时，会突然暴怒，使别人无法接近，还有可能酗酒、滥用药品。

亚历山大的很多行为都与我们所了解的躁郁症相吻合。他就是古代的彩衣吹笛人，引领着他的部队穿过可怕的地域进行史诗般的征战。他有强烈的个人魅力，直到比亚斯河事件之前，他的手下愿意在任何时间跟随他到任何地方，只要有亚历山大的领导，他们就准备去迎接任何挑战。即使经过玛克兰（Makran）沙漠灾难性的穿越，损兵折将后，他鼓舞激励士兵的能力仍然没有减弱。但是，一旦某种情境迫使他必须停止行动时，他沮丧的一面就显现出来了，低沉畏缩，直到得到抗抑郁的解药——哪怕是带领士兵进行一次小规模的征战，他才会重新从帐篷里走出来（Solomon，2001）。

像其他的躁郁症患者一样，亚历山大也会经常勃然发怒。从下面的场合我们可以找到证据：在婚宴上与父亲争吵；被底比斯人称为独裁者，他怒不可遏（结果他毁灭了整个城市，将人民卖为奴隶）；提尔拒绝投降，他实行报复（结果将提尔的武士们钉死在海滩上）；波斯人不愿意承认他为合法国王，更不用说承认他是神了，他大怒（结果是将波斯波利斯城捣毁了）；而且他对马其顿老兵的不知感恩也一直耿耿于怀。

围绕自尊问题生成的愤怒，如亚历山大表现出来的一样，叫作“自恋性愤怒”。当躁郁症患者经历了自恋性创伤的挫折时——对自尊的伤害——他们原本的自信瞬间就转化为失望、愤怒爆发出来。就亚历山大而言，他的爆发发生在一个广阔的戏剧舞台上，他的手中还握有生杀予夺的绝对权力。挑战他的权威，特别是当他被酒精麻痹无法自控的时候，可能导致灾难性的后果。

克莱特是近卫骑军中的一位老资格的护卫首领，一开始就随菲利普东征西战，（作为亚历山大乳母的兄弟）他是看着亚历山大长大的，甚至在一次战役中还救过亚历山大的命。就在克莱特即将被派往大夏（Bactria）做总督之前的一次宴会上，灾难发生了。宴会是马其顿人为了祭祀酒神狄俄尼索斯而举办的，每个人都喝得醉醺醺的。宴席期间，宫廷中那一帮专门奉承亚历山大、贬低菲利普的溜须拍马者激起了克莱特对亚历山大的“东方模式”的气愤，（了解皇家骑兵的克莱特）奚落亚历山大说菲利普远比他要伟大得多（没有什么能比这种言辞更能激怒亚历山大的了）。更加火上浇油的是，他嘲笑亚历山大的成功完全是马其顿军队的功劳而不是他自己的，他还取笑他自拟为宙斯–阿蒙神之子，矫揉造作。亚历山大越听越恼火，抓起一个苹果丢向克莱特，克莱特的朋友赶快把他拉出了大厅。但是他挣脱又返了回来，开始新一轮的奚落辱骂。此刻亚历山大完全暴怒了，他抓起一把刀直接刺进克莱特的心脏。这位老兵死在了亚历山大的脚下（Arrian，1971；Plutarch，1973）。

克莱特摸清了他的国王阴晴不定的脾气，但却付出了高昂的代价。虽然他看到了亚历山大暴怒时的样子，却没有机会看到后来发生的事情。据史料记载，要是没有军官和朋友们的及时制止，亚历山大早就已经用同一把剑结束自己的生命了。他讨厌自己，带着极度的自我厌恶和抑郁感痛苦地躺在床上，整整三天，不吃不喝，也不让别人安慰他（Arrian，1971；Plutarch，1973）。玩世不恭的人或许会认为亚历山大这样做，是他在杀死受众人爱戴的老将军后为获得军队的同情和宽恕而使用的伎俩，这样他的军官们就不会造反了。不过，卧床不起肯定不是阻止造反的最有效的方法。以他处理与手下关系的悟性，亚历山大完全可以设计一个更巧妙的计划来掩盖他的行为。所以说，他被罪恶感击倒了，这种可能性更大一些，特别是因为克莱特一直是他们家的老朋友，而且还是他敬爱的乳母的亲人。

在这种情况下，亚历山大的随从为他的言行做出了合理的解释，帮助他渐渐克服了消沉的情绪，狄俄尼索斯的祭祀牧师声称亚历山大被神附体，因此发疯，才因为克莱特在祭祀日上的不敬而惩罚了他。牧师和随从们连续请求劝慰了他三天，亚历山大才终于起床开始了正常的生活。这一事件表明被怒气包围、感情大起大落的人很容易犯下可怕的错误。

人际关系

正如我们看到的，亚历山大幼年时与他的母亲、祖母、乳母、老师还有他的学习典范（既有真实的，也有想象的）的关系对他的成长有重大影响。他与这些人之间长久保持的关系，以及后来与其他男男女女（特别是他的三位妻子和他的好友赫费斯提翁）的关系对于明确他是谁，他怎样看待自己意义重大。在性事上，亚历山大既被描述为同性恋者，也有人认为他在为这一“说法”做“辩解”。一部分学者接受他对女人不感兴趣的观点，而其他人则力图否认这一说法。不过，持两种观点的人都未能设身处地考虑亚历山大的处境及古代的社会现实。在那个时代，那个地点，对女人的情爱并不排斥他可以对男人持有同样的爱意。正如在亚历山大所处那个时代和文化中较为普

赫费斯提翁，Polyecleitos 铸青铜头像

遍的现象一样，亚历山大（我们知道他有很多情人，既有男性也有女性）对自己的双性恋取向似乎很泰然。

在古代希腊和马其顿社会，特别是上层社会，男女关系和今天的男女关系完全不同。古希腊世界，人们普遍认同亚里士多德的观点，即女人是男人的不完美的形式，一个男人最本质最深刻的关系通常发生在他和其他男人之间。亚历山大最主要的情爱关系发生在他和另一个男人之间不仅没有什么可奇怪的，而且是可以预料的。但是马其顿皇室实行的是一夫多妻制（虽然并不是整个希腊都这样），就使问题有点儿复杂了，而且使男女关系也更加复杂了。

有研究证据表明，生物因素可以极大地影响性取向的变化。不过，儿童时期一家三口的生活环境对他也有一定的影响。当代男性同性恋的研究者注意到很多同性恋者，他们的父亲，出于多种原因，并不是他们认同的理想典范，他们的母亲并不鼓励自己儿子的男性性取向。研究者认为这种家庭环境会造成性别混乱（Green & Blanchard，1995；Levine，1993）。把这位伟大的帝王看成同性恋的亚历山大学者用这一证据来支持他们的观点，指出亚历山大的家庭环境正好跟这一模型相吻合。

不过，这一逻辑是错误的。上面这一范例未必适用于古希腊人，因为它的潜在本质——教养范式是深嵌在具体的当代社会文化矩阵中的。古希腊人并没有和我们所说的“同性恋”相对应的词，这表明他们把床伴的选择仅仅看成一种选择而已，并不是深层次的心理喜好的反映。

希腊传统的男性同性恋关系通常会涉及一位成年男子和一位未成年男子。古代社会这种同性依恋关系的典范就是较长的爱者（erastes，爱人，追求者，主动一方）和较年幼的被爱者（eromenos，被爱的人，被追求者，被动的一方）——亚历山大对这一范例不会不熟悉。他的一位传记作者玛丽·雷诺（Mary Renault），注意到一位叫巴戈阿斯（Bagoas）的波斯宦官经常被看成亚历山大的爱人（Renault，1975，1988）。联系到当时的性行为，亚历山大和他最要好的朋友赫费斯提翁之间的关系就很不同寻常，不仅因为他们是同性恋，而且还因为他们同龄。而且，很多史料显示到了30岁亚历山大仍然和赫费斯提翁是恋人关系，按理说希腊人在这个年龄都会选择一位更年轻的情人。不过，在古希腊，两个年龄相仿的年轻人只有性关系而没有为人不齿的依附关系也是可能的（Green，1991；Lane Fox，1994）。

尽管在古希腊，男人之间的同性关系完全没有什么稀奇，但是无可否认的是亚历山大和他母亲极度亲近的关系在他的性取向形成过程中产生了重要影响。正如早先提到的，很多史学家一致认为亚历山大把他的母亲偶像化了。他还是个孩子时以及后来长大成人，每次跟父亲发生冲突，他的母亲总是站在他一边护着他。可以预见，当奥林匹亚斯和菲利普发生矛盾时，作为回报，亚历山大会站在母亲一边。他和母亲之间的关系是如此微妙复杂而又持久，使得其他女人都无法在他生命中扮演什么重要角色了。

亚历山大对婚姻制度的看法或许也影响到他对异性产生兴趣。有了父母的例子，他就不可能再向往婚姻的温床了。亚历山大是看着父母关系恶化，最后反目为敌长大的。自然，这给小男孩儿留下了深刻的印象，让他在两人的仇恨间进退两难。随着父母间的新仇旧恨不断加剧（鉴于亚历山大与母亲奥林匹亚斯的亲密关系），他受到了母亲的巨大影响也是非常正常的。因为父亲经常在外征战，而且由于父子之间存在竞争，因此父子彼此之间就缺少认同。

亚历山大和童年时期的保姆、王太后尤莉迪丝（Eurydice，他的外祖母）和西西冈比斯（Sisygambis，大流士王的母亲，她的外甥女是亚历山大的第二位妻子）之间的亲密关系表明母亲级的女性人物在他的生活中的重要作用，特别是他的乳母和他的祖母在他的个人成长过程中肯定影响重大。不过他对中老年妇女很亲近，这一点倒是值得玩味。女人们也很喜欢他。例如，西西冈比斯本来有机会返回波斯，但是她选择留在亚历山大身边。遗憾的是，虽然我们认为亚历山大对他生命中所有的女性都给予了极大的尊重，但是关于他和他的妻子及情人们（据说他有两位情人）的关系我们却几乎一无所知。

虽然总的来说亚历山大挺喜欢女人，但是他一生中对母亲的情感依附一直是最强烈的。即使远征在外，他也会惦念着他的母亲。每征服一个地方，他都寄战利品给她，而且远征期间，他们之间通信频繁。奥林匹亚斯在信中提出一个又一个要求，酝酿着耸人听闻的阴谋，并要求亚历山大帮她。他深深爱着母亲，正如他曾经说过的，“她的一滴眼泪胜过安提帕特（他的马其顿摄政大臣）对她的万千抱怨”（Hammond，1993，p1200）。另一方面，面对母亲的要求他也说过，“母亲腹中寄宿九个月，需要付出高昂的租金”（Filder & Fletcher，2001，p.17）。

亚历山大的雄心壮志，精神上一直有母亲的支持，现实中，则有那些童年伙伴一直陪着他。由于家庭不和睦，他早年把大量的情感投资都用在了玩伴身上，而这些玩伴成年后仍一如既往地支持他。他能保持心理健康，这些伙伴功不可没，征战过程中他们都被委以高级指挥职位这一事实就可以表明这一点。不过，我们看到，能够获得亚历山大真正爱意的只有他的童年好友赫费斯提翁。君王真正“重要的另一半”（与任何性事无关）不是他三位妻子中的任何一位，也不是宦官巴戈阿斯，而是赫费斯提翁。他们几乎是形影不离，不认识他们的人总是搞不清楚哪个才是亚历山大。奥林匹亚斯非常嫉妒他们之间的关系，但即使是她也无法离间他们。

心理学家把这种友谊掩盖下极度亲密的关系称作“双生关系”。双生关系可以看作自恋套环上的一种特殊形式，它可以保护个人，不至于产生依赖或无助感。临床研究显示，双生关系中“心腹朋友”中的“他者”其实正是自我。曾经受过自恋创伤的人——与自尊相关的创伤——通常会寻找和他们相近的人从而感觉自己是完整的、强有力的、受人支持的（Kohut，1971，1977）。那些很自恋很脆弱的人希望得到别人的注意、“回应”或赞同。作为“双生”之一的赫费斯提翁代表的“他者”身上的特质碰巧和亚历山大的特质相吻合，于是将他的存在视为对自我存在的肯定。

这种双生关系在现实生活中的表现从亚历山大第一次与大流士的母亲西西冈比斯见面时的情形可以看出来。他们第一次见面时，赫费斯提翁也在他身边，两个人穿得都很简朴。西西冈比斯上前就给赫费斯提翁施礼。当她发现自己犯了个错误时很尴尬，又重新上前施礼——这次是对着国王了。亚历山大上前一步将她扶起来，说道："没关系，赫费斯提翁也是亚历山大，是'人类的保护者'。"（Arrian，1971，p.123）

赫费斯提翁作为亚历山大的心腹朋友，成了他的共鸣板，在这位王者的生活中扮演了重要的、肯定他的角色。他的"镜像"作用为这位王者带来一种心理安全。两个人大部分时间都在一起，谈论人生，分享彼此的观点，讨论未来，所以我们可以推定赫费斯提翁在帮助亚历山大克服偶尔的自我怀疑和沮丧消极情绪中起了极大的作用。同样，我们也可以推断他在验证现实、肯定自我及帮助亚历山大做到高瞻远瞩的过程中也发挥了重要作用。

亚历山大喜欢把他和赫费斯提翁之间的关系比作阿基里斯和他最亲密的朋友帕托克洛斯（Patroklos）之间的关系。参观特洛伊时，亚历山大在阿基里斯墓前献上了一个花环，赫费斯提翁则在帕托克洛斯墓前献上一个花环（Plutarch，1973）。这种类比还有，赫费斯提翁死后，亚历山大削发悼念；帕托克洛斯死后，阿基里斯也是这样做的。有人认为，亚历山大对他的好朋友的死表现出的悲痛是他一生唯一真正悲痛和流露真爱的一次。葬礼期间以及葬礼之后，他的压抑可想而知，近乎到了自杀的地步。亚历山大好像失去了往日的灵气，变得死气沉沉。那些从心理学方面着手研究的史学家怀疑后来的几场战役的惨败不是因为失误，而是因为赫费斯提翁死后，亚历山大已经没有活下去的意志了。

自大狂

领导者需要足够自恋才能走到领导的位置（Kets de Vries，1989；Zaleznik & Kets de Vries，1975）。但是，一旦走上领导地位或大权在握，这种自恋通常就会更加变本加厉。因为一个人处理他在领导过程中面临的心理压力的能力才能真正反映他是个什么样的人，所以一旦进入领导的领地，严厉的考验也就随之而来了。他们能控制自己的自恋倾向吗？他们能平静地对待自己的名声，还是会被名声冲昏头脑呢？

领导者和被领导者之间的关系并不平等，一些领导者会成为自己成功的祭品，成为傲慢的牺牲品。傲慢是领导这个话题中屡屡出现的问题，原因很简单，骄傲和自大的膨胀通常都伴随权力而来。不加克制的自恋分支蔓延是预料之中的，这种变态的自爱就表现为总是提及自己，过度地以自我为中心。傲慢要付出高昂的代价：那些有过度自恋倾向的领导者眼中只有他们想要看到的东西——追随者将他们理想化更加剧了这个过程（Kernberg，1975；Kohut，1971，1977）。这种情况是怎么回事呢？受傲慢左右的领导者通常都变得剥削成性、冷酷无情、过分争强好斗，当下属的行为不合他们心意时就会极度地贬低下属。他们很容易发怒，使手下不情愿地服从或被动地依赖自己。那些不敢发表自己言论的属下就专拣他们认为领导爱听的话去说。

为傲慢所累的领导者们理所当然地认为他们可以随意更改为下属制定的规则。他们觉得因为自己有特殊需要，所以就可以随心所欲，甚至越俎代庖。这一特权感成为导致他们失败的又一个因素。傲慢的领导者，对他人的需求毫不在意，而是在利用属下达到自己的目的。他们只爱自己，认为自己很优越，拥有独特的、与众不同的才能。这种过分的自大通常都体现为他们具有表现癖倾向、鲁莽、野心膨胀。因为他们获得的信息是虚假的，所以做出的决定也是错误的。

亚历山大进入巴比伦，夏尔·勒-布朗（Charles le Brun）绘画局部

这种病态的自爱还表现为过分依赖别人对自己的崇拜，但却不懂得感恩。傲慢的领导者把别人的仰慕看成理所应当的，不会感激，而自己却很吝于赞扬别人。这样的领导总是嫉妒别人的成功和财富，感觉自己比他们更配获得那些东西（American Psychiatric Association，1994；Millon，1996）。但是，他们的这种优越感又会被突然的不安全感和自卑感打乱。虽然他们表现得绝对自信自立，但那只是为了掩饰其他感情（包括最糟糕的恐惧感：被人发现自己其实很平庸）。特别是当他们感到不安全时，就会退缩到自己的世界中，变得短视、固执己见、听不进别人的意见。这种内心的舞台或许展现了一种长期的空虚、孤独状态。傲慢的领导者被生活的毫无意义感困扰着，他们不断地寻求别人的崇拜以获得安慰，并且不遗余力地要去控制别人（借此“拥有”了别人的成功，否则就会产生嫉妒）。

自恋型人格所具有的很多特征亚历山大都有。当然，他也很自恋：他喜欢被关注，希望也期望被人崇拜。不过，就亚历山大而言，他确实是一个出类拔萃的人——如果以他所取得的成就来衡量，他确实很优秀。他的成功超出了任何人的想象，别人不可能办到的，他办到了。换言之，他得到的赞誉名副其实。不过，正如我们指出的，对一位成功人士的严厉考验是：

波斯宫廷礼仪，宫廷浮雕，波斯波利斯

他是否经得起成功的侵蚀。

一位置身于亚历山大位置上的领导者——加上他一系列的功绩，很难摆脱傲慢的羁绊（Kets de Vries，1993，2001b）。他的疆土扩展得越大，则可以制约平衡他的力量越小（比如可以信赖的顾问的建议）。他有一支名副其实的“希腊合唱团”来附和他的意见，拍马谄媚者大行其道。随着亚历山大的宏伟的妄想症日渐严重（考虑到他征战过程中取得的不可思议的成功，如果“妄想症”这个词用得还算准确的话），他似乎也越来越局限到自己的世界中了；不久，（由于他给别人施加的巨大的影响力），他的现实就变成了别人的现实。通常傲慢的领导者和依赖的追随者，若双方做出一些不当的举动、回避现实，结果就是双方一起退步（Freud，1921）。最后，几乎没有人敢站出来对抗亚历山大，挑战他虚幻的现实。那些敢这样做的人都冒着生命危险，克莱特的死就是一个可怕的例子。

一些史学家认为亚历山大是在参观锡瓦绿洲——在那里他拜祭了圣人宙斯－阿蒙神——之后才开始脱离现实的。圣人告诉他，他会得到自己的“心念之物”（Green，1991），他把圣人的话看成提示自己可以实现对神的血统的渴望。亚历山大想让别人认可，他的所有成绩都是出于神的庇护。或许，随

亚历山大，留西波斯复制大理石雕像。碑文：大地是我的垫脚石！宙斯，你让奥林匹斯长存！

着冒险活动的深入，风险在增加，他害怕失败的恐惧也随之增加——他要寻求与神之间的联系以获得无敌的神的庇护。战争使人精疲力竭，生命转瞬即逝，他一定是想让人们把他当神来崇拜，以此抓住自己有限的生命。

亚历山大的悲剧在于，他的隔绝与孤独也在随着权力的增长与日俱增——他对绝对权力无止境的欲望使他越来越远离士兵（远离现实）。他曾经与自己的队伍是那么亲近，现在却越来越疏远了——甚至跟马其顿人的关系也越来越疏远了。“老好人”不断充斥到他的随从中，阿谀奉承的氛围开始蔓延宫廷，他不能再接受马其顿近卫们用一贯的马其顿式的直白挑战他的权威，他再也不嬉笑玩闹了。

作为领袖的亚历山大的堕落，让他的主要官员们感到很担忧。马其顿军队一直浸润在一种古旧的封建民主社会中，（除其他方面外）享受言论自由，他们痛恨亚历山大逐渐倾向东方的专制主义，痛恨他采用了波斯的穿戴形式和外交礼仪（国王认为这种方式完美无缺），痛恨他讨好波斯人以及强迫波斯人和马其顿人通婚的做法。千百年来，希腊人和马其顿人一直都在嘲笑波斯王廷那些可笑的王室规矩，现在他们自己的国王却采用了希腊人原本只有在祭神时才采用的仪式。

他的官员们十分讨厌东方的宗教礼拜、没完没了的禁忌和仪式；他们讨厌看到亚历山大穿着古怪的长袍走来走去；他们被迫与刚刚打败的、女里女气的贵族言归于好，心里充满怨气。作为波斯王的亚历山大（如果不是穿紫袍戴羊角的宙斯-阿蒙神的儿子），变得越来越难以随便接近。过去那种平等随意的交流方式——那种戏谑玩笑的关系——被压抑刻板的波斯宫廷礼节所取代。这种礼节因为军中人数的变化而越来越刻板：吸收到军中的波斯人数量越来越多，而他们从来没有在其他环境中与亚历山大相处过。马其顿人担心成为被孤立的可有可无的少数。

我们看到，千头万绪在比亚斯河边终于爆发了——虽然只有寇纳斯将军有勇气讲出真话，告诉亚历山大他该适可而止，他的部队显然也早就想回家了，他们已经受够了，满腹怨气。他永不满足的征服的欲望终于停了下来，哪怕是暂时的。我们可以把比亚斯河事件看成一个心理界标：亚历山大最终认识到了他和军队的疏远。单单的甜言蜜语已经不能再说服他们（甚至用不断增加的战利品来“贿赂”他们也不起作用了），他害怕失去与士兵的基本联系。难怪他是如此不安，也难怪他的反应充满狂怒和沮丧。

正如我们前面注意到的，变态的自恋的另一个症状就是嫉妒（不管是有意的还是无意的）。多数情况下，这种情感会伴随着怨恨和报复。回想一下亚历山大刚成年时，他对父亲的嫉妒及要成为国王的那种迫不及待是那么突出。我们也可以看到他报复的例子，亚历山大的老师莱昂尼达斯责骂他浪费香料让他很生气——这种对他的蔑视，他一直记恨了十多年，后来他派人给那位老人送去十八吨香料。虽然我们可以把这件事看成一个恶作剧，但其实远不是那么简单。亚历山大是一个记仇的人，那些轻视过他的人他都记得。

过度自恋的人应对嫉妒的方式很多，包括将嫉妒对象理想化、贬低化或窃取其成果。在理想化过程中，自恋者把那些成功人士摆在显要位置上，不过，很快就开始贬低他们：会“玷污”潜在的让自己嫉妒的人，贬低他们的成功。在窃取过程中，自恋者力争将别人的成功果实弄到自己名下，把这些看成自己理所应得的——好像身边经过的这些人只不过就是偶像、敌人或者傻瓜。

过度自恋的进一步表现是自恋者没有能力体会别人的感受，没有能力做出坚定的相关承诺。自恋者表现出对人类的无比热爱，但是通常对实际的人际关系却很漠然，不能有始有终。而且，他们无法与别人建立深层关系也是导致性生活困难的原因。虽然亚历山大和赫费斯提翁的友谊表明他有能力与别人建立忠诚的关系，但是随着时间的流逝，他的朋友圈子在急剧地缩小。一路上，他抛弃了很多先前的朋友和近卫，还杀死一些。不久就只有赫费斯提翁和他远在他方的母亲帮他维持着他和别人之间的关系了。

自恋个性通常会随着年龄的增长而恶化，亚历山大也未能逃脱加速这种过程的生活方式。他的不断胜利、无人匹敌的财富、绝对不容挑战的权力、非同寻常的体力、他的酒疯以及他的与人隔绝都开始让他付出代价了。亚历山大变得越来越刚愎自用、浮夸自大。他的脾气变得越来越不可捉摸：一点儿不顺他意就大发雷霆。而且，他变得越来越多疑、轻信谣言、认为有人背叛他，也不管谣言是从什么地方传出来的。处死他最得力的将军帕米尼欧及他的儿子就是这种多疑性格的结果。

偏执狂

偏执型人格的形成是由于缺乏基本的信任感。这一缺失通常源于一种变幻莫测且充满敌意的家庭环境。在这种环境中成长的人需要时刻保持警惕，准备应对随时有可能发生的欺骗和袭击。所以成年后他们对敌意行为、批评和指责就极为敏感（Cameron，1963；Horowitz et al.，1984；Meissner，1978；Shapiro，1965）。

过度敏感、没有安全感及自卑感通常会使一个人产生自己很优越很伟大的错觉。那些被期望做到完美，如果做不到则会受到无端惩罚的孩子会产生很多幻想，在幻想中抬高他们受伤的自尊。心中偷偷的幻想最终会演变成错觉。而一个轻信的人也会产生一种宏伟的幻觉，欢欣鼓舞主导着他/她的心境。另一方面，一个患有被迫害幻觉的偏执狂总是疑心重重。

错觉最常见的方式就是迫害型人格——这种错觉源于一种无处不在的、毫无根据的怀疑和对别人的猜忌。它通常会涉及一个问题或一系列相关的问题，例如被欺骗、被跟踪、被下毒、被算计、被监视，或者在追求长期目标的过程中被牵制。具有迫害型错觉的人总是一种怨恨气愤的样子，他们可能对那些自己臆想中伤害过自己的人诉诸暴力。他们把内部的威胁——内心的威胁——转换成外部威胁，并采取行动来对抗这种威胁，从而获得有限的一点控制力。对人和环境的控制欲望反映了时常潜藏在偏执狂内心的自卑。

偏执的人感知到危险，却因为无法信任他人的建议而转向自己的内心寻求保护。他们总是把一些偶然的事件误认为是别人欺骗自己及其恶毒行为的前兆，因此就想自己掌控自己的命运以免受羁绊和各种责任的纠缠。这种人暴躁难处，动辄迁责他人，结果却自己孤立了自己。我们可以把亚历山大对待他最亲近的近卫的行为看成偏执型人格产生的结果，只有赫费斯提翁逃过一劫。

一位时刻在身边、让人感到安心的母亲形象是避免走向偏执的良方，不过奥林匹亚斯在多大程度上为她的儿子提供了这种形象，我们只能猜想了。实际上，就我们所知，她的喜怒无常、阴晴不定的脾气和她的宗教行为使得这种形象不太可能持久。这种摇摆不定的行为模式会使一个孩子（或长大成年后）产生一种不稳定感。当孩子们不确定从母亲那里能得到什么时，他就会感到周围充满了不确定性。他们感觉特别亲近母亲但同时又感到烦恼不安，担心他们的母亲会背叛或遗弃自己。

我们知道亚历山大并不缺少支持。而且在宫廷政治中为了生存的需要，他的家人和亲密朋友一定给他灌输了怀疑精神。希腊和马其顿上层社会谣言流传、充满背叛，这也是政治的一部分——这些不可能逃过亚历山大的眼睛。时间一长，这种起初本来有益的防范，就可能演变成这个年轻人惯有的认知模式。

如果说亚历山大的偏执个性是他的主导风格也不太恰当，但是他所处的位置，特别是成年以后所处的位置，会使他已经具有的那种偏执性格变得更加严重（Kets de Vries，1995）。为了生存，他必须保持高度警惕和高度敏感。因为随时都有被谋害的可能，他需要注意那些可以流露出别人意图的蛛丝马迹。还要警惕恶意进犯——不论是真的还是说说而已。

具有偏执反应行为倾向的人通常会疏远社会，通过逆动反应、拒绝和投射等方式进行自卫。就亚历山大而言，逆动反应（将其不可接受的感情或思想转换为其对立面的倾向）可以帮助他应对依赖需求，这种需求会让他产生焦虑。他否认自己深深的依赖感，而将其转化成可靠的自立。他害怕从心理上被母亲“卷入”，所以尽一个军队指挥官所能做到的在最大限度上将自己疏远，即常年远离母亲。亚历山大在遇见无所牵绊的哲学家第欧根尼时说的话“如果我不是亚历山大，我就去做第欧根尼”——或许也指出了他在独立与依赖之间的紧张状态。因为早年对母亲过于依赖，所以再度的依赖让他感到恐慌，他迫切需要独立。对亚历山大来说，依赖一直就等同于无助和脆弱。在比亚斯河，当他陷入无助境地被迫改变自己的立场时，所引发的焦虑使他在那段时间十分沮丧。

跟所有具有偏执倾向的人一样，亚历山大遇到痛苦时，通常都采取一种拒绝的态度来逃避现实。当他越来越成功，荣誉加身时，这种否认问题的态度就愈演愈烈。渐渐地，他眼里看到的只有他想看到的东西，他拒绝接受任何令人不满的现实。而他的随从们，都急于分享他的成功，也巴不得顺着他这样做。

亚历山大还使用投射作为防御。具有偏执性情的人都属于高度警惕、好斗互动的风格，但是他们并不总是喜欢那个特点。为了否认他们自己也无法接受的那种冲动，他们会把自己的感觉投射到别人身上。亚历山大逐渐成人，他似乎把怨恨和怒气都投射到了他人身上，这表明他没有能力或者是不愿意对自己的感情负责任。有时候他会比较理性，把自己的行为归责于神的干预，从而推卸了自己的责任。战场为他发泄那些折磨着他的敌意的冲动提供了理想的出口。对于入侵的敌人有什么方式比征服他们更好的呢？不过，正如我们看到的，亚历山大将愤怒发泄到敌人身上，结出累累战果，但是战场之外他排解愤怒的做法却不那么成功。

亚历山大处于众多对手都觊觎的集权位置上，很难分清幻想和现实。正如谚语中所说的:“不需偏执即可知众人在觊觎你的位置。”正如上面提到的，一点点偏执是一种有效的生存策略。毕竟，他清楚他的父亲就是被信任的近侍所杀，实际上，那件事让亚历山大一辈子都不得安宁。不过，一年一年胜利不断，他越来越相信自己是神，也越来越听不进异议了。高级指挥官们对他的政策的任何异议都能引起他偏执的反应。这种偏执的观点，其结果可想而知:大家都开始虚与委蛇、拍马奉承了。

从亚历山大推行波斯的跪拜礼这件事就可以反映出他的偏执。前面说过，跪拜礼是马其顿人表达对神的绝对顺从、波斯人表达对国王的服从的一种方式。如果亚历山大是“正常的”肉体凡胎的话，他或许就不会施行跪拜礼。毕竟，希腊人和马其顿人一直都在取笑波斯人的这种“原始的”习俗，他们认为凡人担待不起这样的礼拜。但是亚历山大把自己看成拥有神的头颅的人，因此还格外严格地推行这一仪式。亚里士多德的侄子，宫廷史官卡利斯蒂尼，因为奚落这种程式并坚决要求把敬神和敬人严格区分开，惹得亚历山大大怒。亚历山大说他是阴谋推翻王权，然后把他处死了。

公元前 330 年，他又以阴谋策划谋害他的罪名处死了一位很优秀的骑兵近卫将领费洛塔斯（Philotas）。为了避免血腥的复仇，他把费洛塔斯的父亲帕米尼欧，也是他的主要的将军也一并处死了。对于一个为亚历山大的成功做出如此巨大贡献的人，落得这样的下场实在可悲。从那天开始，他连自己最亲近的侍卫将军也不信任了。他使用分解各个击破的方式，再也不把过多的权力放在一个人手上了。

虽然很多人都希望铲除亚历山大——这毫无疑问，但是他步步谨慎。他的谏议官们因为害怕自己也落个同样的下场，越来越不愿开口谏言，他检验现实的体系瓦解了。最后，没有一个人愿意挑战他自己创造的现实，宫廷变成了一所悬满镜子的房子。

第九章　结局

ARE LEADERS BORN OR ARE THEY MADE
THE CASE OF ALEXANDER THE GREAT

亚历山大改变了世界本身——而非仅仅它的边界。在他之前，主导世界文明的是东方文化——波斯人、埃及人，以及巴比伦人。亚历山大一次性永远地改变了世界的焦点。从他的时代开始，罗马人和希腊人统治的西方社会开始领跑世界。一次次胜利，一次次凯旋，他创建的帝国使他成了神话。

我们在前面就看到，亚历山大开始征战之前，他的高级谏议官安提帕特和帕米尼欧就建议他先稳定马其顿内政并立下继承人。但是，他对这些建议充耳不闻，在既无娶妻也无子嗣的情况下就开始出征，使得整个政治军事框架完全系于他一个人的生死。他的英勇无畏——在战场上的冲锋陷阵——就是在不断地招引灾难。他多次受伤，更证明他建立的组织和军事机器的脆弱。

亚历山大死后，他的将军们陷入如何分配其遗产的纷争。虽然他的征战成果比以往任何人都丰厚，但是他并没有真正努力去统一加强已有领地的管理。因为将征服的庞大的帝国安置出个条理来对他而言并不是最有挑战性的事，所以他决定不去管它——这一决定在很大程度上跟他所处的时代有关，也或许是他的个性使然。结果，在亚历山大死后的四十年或者更长时间内，他创造并依据个人魅力维系的帝国在他的将军们的武力纷争中分崩离析。

我们熟知的一类人，他们凭个人能力改造世界，亚历山大也是这样。他改变了文明的进程——不小的功绩！他是第一位到达希腊、埃及、小亚细亚、亚洲以及西印度的征服者，他在当时被认为人迹罕至的大陆尽头立下界碑。直到 15 世纪后叶，葡萄牙和西班牙的航海业发展，才让欧洲人确信他们终于超越了亚历山大的足迹。

亚历山大改变了世界本身——而非仅仅它的边界。在他之前，主导世界文明的是东方文化——波斯人、埃及人，以及巴比伦人。亚历山大一次性永远地改变了世界的焦点。从他的时代开始，罗马人和希腊人统治的西方社会开始领跑世界。一次次胜利，一次次凯旋，他创建的帝国使他成了神话。

让我们看一下亚历山大的功勋：

1. 他将希腊的思想、文化和生活方式带到所征服的国家，确保了希腊文化的扩张和统治地位。希腊文化、罗马文明和基督教构成了今天所谓的西方文明的基础。

2. 他十一年间征战 20 000 多公里，从没有输过一场战役。

3. 他统一了 2 200 多万平方公里土地。

4. 他采用波斯服饰、吸纳波斯风俗、娶了大夏人和两位波斯公主，并要求大量马其顿人和希腊人娶波斯女子为妻。

5. 为了统治帝国，他在埃及和希腊称自己是神君。

6. 他让科学家一起随军出征，沿途收集有关生物和地理方面的数据资料。

7. 他将希腊语变成近东世界政府、学校、商业中使用的主要语言。

8. 他建立了很多新的殖民地和城市（其中有七十处为了纪念他而以他的名字命名！）。

9. 他将近东很多家庭的孩子送到希腊接受教育，从而开启了同化实验的伟大进程。

10. 他训练波斯人加入自己的军队。

11. 他在尝试统一东西方的过程中让希腊人、马其顿人和波斯人一起参与帝国的管理。

12. 他在整个帝国内建立了统一的货币体系，使国际贸易发生了翻天覆地的变化（亚历山大统治时期开始成形的经济体系一直保持到 19 世纪工业革命的到来）。

第十章　源于亚历山大大帝的领导启示

ARE LEADERS BORN OR ARE THEY MADE

THE CASE OF ALEXANDER THE GREAT

关于领导的问题，亚历山大留给世人很多重要启示。通过他的例子，当今商界和政界的领导可以明白，什么事情可以做，什么事情不可以做。他留给我们的那些重大启示，至今仍在世界各地的办公室和会议室里运用着。

关于领导的问题，亚历山大留给世人很多重要启示。通过他的例子，当今商界和政界的领导可以明白，什么事情可以做，什么事情不可以做。他留给我们的那些重大启示，至今仍在世界各地的办公室和会议室里运用着。

1. 拥有令人信服的目标；

2. 应用战略，扬长避短；

3. 建立全面的指挥体系；

4. 以身作则，树立优良榜样；

5. 鼓励创新；

6. 操控意义，培养集体认同感；

7. 鼓励支持下属；

8. 投资军事训练，培养下一代；

9. 巩固既得成果；

10. 设立继承人；

11. 建立组织管理机制。

拥有令人信服的目标。亚历山大的所作所为向我们表明，当一个人完全专注于一件事情，当他/她对这件事极度痴迷时，是什么样的成就都可以做出来的。他的行为再一次证实领导者拥有清晰、明确的愿景的重要性。眼下情势如何，将走向何方，有号召力的领导者必须能清楚地将这些信息传递给下属。从一开始，亚历山大就知道他想要干什么。渡过达达尼尔海峡时，他纵身上岸，宣称要成为亚洲之王，这一举动清晰地表明了他的目标。他通过这一决绝姿态在向追随者集体想象力训话。他的军队要去主持正义，他们要让薛西斯为其蔑视希腊世界的行为付出代价。亚历山大的演讲技巧让追随者觉得自己是所有冒险活动中最伟大的人。亚历山大知道他要去哪里，也知道怎样可以到达目的地。遗憾的是，他不知道如何停下来，也不知道在什么时候停下来（这让他的军队感到很慌乱也很不满）。

应用战略，扬长避短。亚历山大是古今史上最优秀的军事战略家之一。不错，他是有伟大的目标，但是他也知道怎样将这一伟大目标变为现实。他对战略的娴熟运用历史上还无人能超越。在战场上，他知道怎样根据敌人的策略因地制宜发挥最大优势。任何战斗形式，无论是常规战还是游击战，他都能游刃有余，并且随时做好了应对突发事件的准备。他维持着一套优秀的信息系统，并且知道怎样破解对手的意图。他当然时刻都在提醒自己竞争的存在。但是因为他善于将自己的军事机器的各个部分协调一致，因此战场上完美的执行力就成了他最大的竞争优势。而且，没有任何一位军事领袖能将速度和突袭驾驭得如此娴熟。

建立全面的指挥体系。亚历山大知道怎样在身边建造一支忠心耿耿的团队。他小心谨慎地挑选团队中的核心成员。最后，他建立了全面的指挥体系，不同队伍中的将领可以借助彼此的优势（Hodgsdon et al.，1965）。帕米尼欧在战场上发挥了关键作用，马其顿摄政王安提帕特为他提供了稳定的后方保证，其他的将领则各管一方。他们之间的互相协调协作为亚历山大取得战场上的成功提供了保障。只是到了后来几年，他和主要将领之间的关系才开始恶化。

以身作则，树立优良榜样。亚历山大以自己的领导风格为大家树立了卓越的楷模，他能以身作则。正如我们前面提到的，他绝不是坐在扶手椅里的将军。他实实在在地领导他的军队。他们的胜利不是嘴皮子说出来的，而是打出来的。早年，他不愿独享地位赋予他的舒适，睡帐篷吃粗粮，过的是和士兵一样的生活。战士们遭受饥渴困扰时，他也和他们一样忍饥挨饿。战士的坐骑死掉被迫步行时，他也和他们一起步行。只有到后来他被波斯奢侈的宫廷生活迷惑，并纠缠于神的问题时，这种情况才发生了变化。

鼓励创新。亚历山大知道怎样鼓励创新。他对马其顿方阵的巧妙部署，对工程师们创新的支持和信赖，加之他自己的物流才能，使得他的战争机器在那个时代独占鳌头。他明白知己知彼的重要性，所以非常注重发展军事信息系统，通过侦查得来的信息将自己的优势发挥到最大。不过，亚历山大的创造及创新能力不仅仅局限于军事领域。他对生物学、动物学和医药的好奇心，以及本次远征中对科学家们的支持，也使得这些领域的研究得到了进一步的发展。

操控意义，培养集体认同感。如我们前面就留意过的，亚历山大极其善于操控意义。他有一架宣传机器，而且能物尽其用。他使用士兵们的通俗语言，辅以自己的演讲技巧，能将所有听众导入催眠状态。作为一个典型的以个人魅力制胜的领导者，他广泛地运用神话、比喻、类比和传说唤醒强大的文化符号，引发部下炽烈的情感。当他觉得某个事实需要强化的时候，他知道怎样让先知们重新构造安排各个事件，做出命运使然的样子；而且他能充分利用符号和仪式（例如祭神仪式）。这些操控意义的行为，加之他以身作则的才能，在他的军队中培养了高度的集体认同感，激励士兵做出超凡的努力。

鼓励支持下属。亚历山大很善于赞扬别人。他知道怎样去鼓励士兵，才能让他们在战场上取得更进一步的辉煌战绩。他一贯的做法是，将以前的或牺牲的英雄重新拉回大家的视野，历数他们的英勇行为，让大家知道任何一个人的贡献都会得到认可。他很关注士兵们的需要，经常看望帮助伤员，为牺牲的人举行盛大的葬礼（为他们的遗孀和子女提供保障），并且慷慨地赏赐他的军队。他有一种我喜欢称作“泰迪熊”的品质，以及“容纳”手下各种情感的能力（Kets de Vries，2001a）。

投资军事训练，培养下一代。在那个时代，亚历山大能投入大量的时间和财力来进行军事训练、培养新人，可谓有远见卓识。他不仅训练在伍士兵，还着眼未来，培养下一代。马其顿战争间歇期间他让波斯的年轻人上学受教育，并且努力将希腊语和希腊习俗传播到亚洲。

巩固既得成果。亚历山大留给我们的最宝贵的三个教训不是得自他的强项，而是来源于他的弱点。第一个教训就是巩固既得成果的必要性。他未能将合理的体系安放到位，整合帝国。他从未品尝过成功的果实，而是被内心的魔鬼魅惑着，无法停下来休息享受，只觉得不得不前进，好像别无选择似的。他的性格、个人成长经历和那些历史时刻注定了他就是他：一个在战场上所向披靡赢得辽阔帝国的人。不过，这一点也制约了他，让他竖起高墙将心灵监禁而无法巩固已经征服的疆域。征服固然回报丰厚，但是一个只知向前不懂稳固他 / 她既得成果的领袖时刻冒着失去一切的危险。

设立继承人。亚历山大留给我们的第二个教训（也是他没有做到的）就是设立可行的继承人计划的必要性。亚历山大太专注自己作为国王和一个拥有远大抱负的神的角色了，他无法想象没有自己的将来。结果，在他死后，秃鹫们将他的帝国撕扯得四分五裂。权力是很容易引爆的炸药，权力的传递必须慎之又慎。

建立组织管理机制。亚历山大留给我们的最后一个教训（也是他没有做到的）就是权力制约的极度重要性。不受制约的权力就会滋生傲慢，导致衰落甚至覆亡。领导者有责任（或许这对他们要求太高）将合适的组织管理机制安插到位。为了避免权力滥用和错误决策，权力的制约和平衡是必要的。亚历山大是一个很明智的统治者（特别是与他同时代的统治行为相比），他鼓励近卫军官还有其他人参与管理。但是和他之前的统治者一样，他变得越来越醉心于权力。随着时间的发展，他只能听进赞誉。先前的坦率渐渐消退，他开始生活在一个自己的世界里。现实受到了严峻的考验，为他的决策能力带来了非常负面的影响。最后，他身边的人几乎没有人再愿意提出反对意见了。他爱听什么，他们就说什么。只有在如比亚斯河事件似的危急时刻，才能暂时地反映一下现实。但是越来越脱离现实导致他无法巩固帝国，错过了进军“无边大海”的机遇。

亚历山大留给我们的这些启示很难说哪个最重要，因为一个帝国（一个组织）的需要是随着时间的变化而变化的。不过，虽然都很重要，但是亚历山大以其帝国的崩溃留给我们的最后三个教训却极为深刻。他的疆域辽阔富有，他的傲慢也毫不逊色。因为他感觉自己是战无不胜的，所以忽略了既已取得的成果，也不去考虑如果他死了，他的领土和他的人民会怎样。他的看法和后来人——开疆扩土的法国国王路易十四的观点是一致的。路易十四说“管他身后洪水滔天”（Après moi le déluge），显然不关心身后事。或许有些东西可以印证这一观点：与这位法国国王同时代的戏剧家莫里哀（通过他《恨世者》中一个人物的口吻说出）说：“最愚蠢的行为就是想通过自己的行为改造这个世界。”

后记

尚有五位古代史学家关于亚历山大的著述保存至今——至少有一部分保存了下来：他们是阿里安（Arrian）、普鲁塔克（Plutarch）、狄奥多罗斯（Diodorus）、贾斯汀（Justin）和科丘斯（Curtius）。虽然这些作者生活的年代和这些著作完成的年代距亚历山大之死已相去百年，书中内容不乏扭曲疏漏，但是我们毫无选择，只能依赖他们的作品，因为亚历山大同时代的人及其身边的人关于他生平的记述都已经失传，我们永远无法再看到了。

阿里安对亚历山大的描述，通常被认为是最精彩也是最贴近事实的，也是我在描述历史上的亚历山大时引用最多的。亚历山大死后400多年，罗马帝国官员阿里安，写了关于亚历山大的书。他是上段提到的五位作者中唯一一位注明参考书目及引用原因的作者。他的主要参考书目包括：亚历山大的将军托勒密（Ptolemy）写的回忆录；亚里士多布洛斯（Aristobulos），一位追随并与亚历山大共事多年的希腊建筑师的著述；还有亚历山大的舰队司令及终生挚友尼阿库斯（Nearchus）的著作。卡桑德（Cassander，篡夺帝位并杀死亚历山大母亲、妻子和孩子的人）鼓励在马其顿传播和发行歪曲亚历山大的书籍，托勒密和亚里士多布洛斯对上述行为不满，不约而同出书校正历史。阿里安清晰坦率的描述正是以那些对我们而言早已失传的、可敬的、最原始的材料为依据的。

其余的四位作者，则引用普鲁塔克的著作多一些。遗憾的是，参考他的著作需要谨慎，因为其中的内容并非没有瑕疵。他的著作成书于公元1世纪，参考资料不是十分可靠（比如有些被认为是亚历山大写的信件其实并非出自亚历山大之手）。普鲁塔克晚年修订了他早期写的关于亚历山大的著作。在修订本中，他对亚历山大后半生的描述更加负面，这一变化表明他受到了反亚历山大宣传的影响。

科丘斯、狄奥多罗斯和贾斯汀三人关于亚历山大的著述并不可靠。他们在写作过程中参考的资料的可信性令人怀疑。贾斯汀主要参考的是一个名不见经传的叫特罗古斯（Trogus）的人的资料，这个人很不喜欢亚历山大。狄奥多罗斯和科丘斯虽然是最早写亚历山大事迹的人（公元1世纪就开始着手写作），但是他们的著述中错误百出，还有很多虚构的成分。他们两人成书过程中的参考资料好像大部分来源于另一位作者克莱塔丘斯（Cleitarchus）的著作，而克莱塔丘斯的书今天已经大部分失传了。克莱塔丘斯被认为是亚历山大同时代人，因此，多年以来他的资料被认为很可靠。但是，西塞罗（Cicero）和史特堡（Strabo）等人却认为他在描述亚历山大生平事件时有失历史真实，当今的历史学家们也反对依据克莱塔丘斯著作编写关于亚历山大的故事，因为他们认为他的内容不可靠。

在这本篇幅不长的小书中，为了理解亚历山大到底是个什么样的人，我参考了很多资料。所有引号中的引文都出自古代著作或碑文。因为就亚历山大一生中的片段及事件的描述很混乱（而且对这些事件还有不同的解释），我尽力做到提炼精简，只关注大部分作者达成一致的部分。就关于亚历山大的史料中存在的问题的精彩论述，可参见波茨沃斯（Bosworth）的《征服与帝国：亚历山大王朝》中的自传部分。

参考文献

American Psychiatric Association（1994）. *Diagnostic and Statistical Manual for Mental Disorders, DSM-IV*（4th ed.）. Washington: American Psychiatric Association.

Aristotle（1988）. *Athenian Constitution, Eudemian Ethics, Virtues and Vices*, vol.20（H.Rackham, Trans.）. Cambridge, MA: Harvard University Press.

Arrian（1971）. *The Campaigns of Alexander*（A.d.Selincourt, Trans.）. Harmondsworth: Penguin.

Ashley, J.R.（1997）. *The Macedonian Empire: The Era of Warfare under Philip □ and Alexander the Great, 359-323 BC*. New York: McFarland & Company.

Baynham, E. (1998) . *Alexander the Great: The Unique History of Quintus Curtius*. Ann Arbor, The University of Michigan Press.

Bion, W. R. (1959) . *Experiences in Groups*. London: Tavistock.

Bosworth, A.B. (1988) . *Conquest and Empire: The Reign of Alexander the Great*. Cambridge: Cambridge University Press.

Bury, J. B. , & Meiggs, R. (1983) . *A History of Greece to the Death of Alexander the Great*. London: MacMillan.

Cameron, N. (1963) . *Personality Development and Psychopathology*. Boston: Houghton–Mifflin.

Cawkwell, G. (1981) . *Philip of Macedon*. London: Heinemann.

Csikszentmihalyi, M. (1990) . Flow: The Psychology of Optimal Experience. New York: Harper and Row.

Diodorus, S. (1992) . *Books 16-17*, Vol.8 (C.H. Oldfather, Trans.) . Cambridge. MA: Harvard University Press.

Dupuy, T. N. (1969) . *Military Life of Alexander the Great of Macedon*. New York: Watt, Franklin.

Erikson, E. H. (1958) . *Young Man Luther*.New York: W.W. Nor–

ton.

Erikson, E. H. (1963) . *Childhood and Society*.New York: W.W. Norton.

Etchegoyen, R. H. (1991) . *The Fundamentals of Psychoanalytic Technique*. London: Karnac.

Fenichel, O. (1945) . *The Psychoanalytic Theory of Neurosis*. New York: W.W. Norton.

Fildes, A., & Fletcher, J. (2001) . *Alexander the Great: Son of the Gods*. London: Duncan Baird.

Freeman, C. (1999) . *The Greek Achievement*. London: Penguin.

Freud, S. (1905) . Fragment of an analysis of a case of hysteria. In: J. Strachey (Ed.) , *S.E.*, 7. London: The Hogarth Press and The Insti-tute of Psychoanalysis.

Freud, S. (1917) . A childhood collection from Dichtung und Wahrheit. In J. Strachey (Ed.) , *S.E.*, 17. London: The Hogarth Press and the Institute of Psychoanalysis.

Freud, S. (1921) . Group psychology and the analysis of the ego.

In: J. Strachey (Ed.) , *S.E.,* 7. London: The Hogarth Press and the Institute of Psychoanalysis, 1953.

Freud, S. (1929) . Civilization and its discontents (J. Strachey, Trans.) . In: J. Strachey (Ed.) , *S.E.*, 21. London: Hogarth Press and the Institute of Psychoanalysis.

Fuller, J. F. C. (1989) . *The Generalship of Alexander the Great.* New York: Da Capo Press.

Goodwin, F. K., & Jamison, K.R. (1990) . *Manic-Depressive Illness*. New York: Oxford University Press.

Green, P. (1991) . *Alexander of Macedon*. Berkeley: University of California Press.

Green, R., & Blanchard, R. (1995) . Gender identity disorders. In: H.I. Kaplan & B.J. Sadock (Eds.) , *Comprehensive Textbook of Psychiatry*. Baltimore: Williams and Wilkins.

Hammond, N. G. L. (1993) . *Sources for Alexander the Great.* Cambridge: Cambridge University Press.

Hammond, N. G. L. (1998) . *The Genius of Alexander the Great.*

Chapel Hill: University of North Carolina Press.

Hodgsdon, R. C., Levinson, D. J., & Zaleznik, A. (1965) . *The Executive Role Constellation.* Boston: Harvard University Press.

Hogarth, D. G. (1977) . *Philip and Alexander of Macedon.* New York: Ayer Company.

Horowitz, M. J., Marmor, C., Krupnick, J., Wilner, N., Kaltreider, N., & Wallerstein, R. (1984) . *Personality Styles and Brief Psychotherapy.* New York: Basic Books.

Jamison, K. R. (1993) . *Touched with Fire.* New York: The Free Press.

Kazantzakis, N. (1982) . *Alexander the Great* (T. Vasils, Trans) . Athens, OH: Ohio University Press.

Keegan, J. (1988) . *The Mask of Command.* New York: Penguin.

Kernberg, O. (1975) . *Borderline Conditions and Patholigical Naricissism.* New York: Aronson.

Kets de Vries, M. F. R. (1989) . *Prisoners of Leadership.* New York: Wiley.

Kets de Vries, M. F. R.（1993）. *Leaders, Fools, and Impostors*. San Francisco: Jossey–Bass.

Kets de Vries, M. F. R.（1994）. The leadership mystique. *Academy of Management Executive*, 8（3）: 73–92.

Kets de Vries, M. F. R.（1995）. *Organizational Paradoxes*（2nd edn）. London: Routledge.

Kets de Vries, M. F. R.（2001a）. *The Leadership Mystique*. London: The Financial Times / Prentice Hall.

Kets de Vries, M. F. R.（2001b）. *Struggling with the Demon: Essays in Individual and Organizational Irrationality*. Madison, CT: Psychosocial Press.

Klein, M.（1948）. *Contributions to Psychoanalysis*, 1921–1945. London: Hogarth Press.

Kohut, H.（1971）. *The Analysis of the Self*. New York. International Universities Press.

Kohut, H.（1977）. *The Restoration of the Self. Madison*, CT: International Universities Press.

Kohut, H., & Wolf, E.S. (1978) . The disorders of the self and their treat ment: an outline. *International Journal of Psycho-analysis*, 59: 413–426.

Lamb, H. (1945) . *Alexander of Macedon: The Journey to World's End*. New York: Doubleday.

Lane Fox, R. (1994) . *Alexander the Great*. New York: Viking / Penguin.

Lasswell, H. (1960) . *Psychopathology and Politics*. New York:- Viking Press.

Levine, S. (1993) . Gender-disturbed males. *Journal of Sexual Marital Therapy*, 19:131.

Lichtenberg, J. D. (1991) . *Psychoanalysis and Infant Research*. New York: Lawrence Erlbaum.

Lichtenberg, J. D., Lackmann, F. M., & Forshage, J. L. (1992) . *Self and Motivational Systems: Toward a Theory of Psychoanalytic Technique*. New York: Analytic Press.

Loewald, H. W. (1971) . Some considerations on repetition and repetition compulsion. *International Journal of Psycho-analysis*, 52: 59–65.

Luborsky, L, & Crits–Cristoph, P. (1998) . *Understanding Transference: The Core Conflictual Relationship Theme Method*. Washington: American Psychological Organization.

McDougall, J. (1985) . *Theaters of the Mind*. New York: Basic Books.

McDougall, J. (1989) . *Theaters of the Body*. New York: W.W. Norton.

Meissner, W. W. (1978) . *The Paranoid Process*. New York: Jason Aronson.

Millon, T. (1996) . *Disorders of Personality: DSM IV and Beyond*. New York: John Wiley.

Plutarch (1973) , *The Age of Alexander: Nine Greek Lives* (I. Scot–Kilvert, Trans.) . Harmondsworth: Penguin.

Plutarch (1992) . *Moralia*, volume 4 (F.C. Babbitt, Trans.) . Cambridge, MA: Harvard University Press.

Renault, M. (1975) . *The Nature of Alexander*, London: Penguin.

Renault, M. (1988) . *The Persian Boy*. New York: Vintage Books.

Shapiro, D. (1965) . *Neurotic Styles*. New York: Basic Books.

Solomon, A. (2001) . *The Noonday Demon: An Atlas of Depression*. New York: Simon & Schuster.

Stewart, A. (1993) . *Faces of Power: Alexander's Image and Hellinistic Politics*. Berkeley: University of California Press.

Willi, J. (1982) . *Couples in Collusion: The Unconscious Dimension in Partner Relationships*. Claremont, CA: Hunter House.

Willi, J. (1984) . *Dynamics of Couples Therapy*. London: Jason Aronson Zaleznik, A., & Kets de Vries, M. F. R. (1975) . *Power and the Corporate Mind*. Boston: Houghton Mifflin.

曼弗雷德管理思想经典文库

乘坐领导力的过山车：
日常工作中的领导力心理学

ISBN：978-7-5207-0772-5
定价：68.00 元

领导力童话：
领导力的五个致命危险

ISBN：978-7-5207-0771-8
定价：58.00 元

领导者、傻瓜和骗子：
曼弗雷德谈领导力心理学

ISBN：978-7-5207-0773-2
定价：68.00 元

领导者是天生的吗：
亚历山大大帝领导力案例研究

ISBN：978-7-5207-0807-4
定价：58.00 元

神经质组织：
引领组织变革的成功之道

ISBN：978-7-5060-9398-9
定价：68.00 元

幸福等式：
幸福与成功沉思录

ISBN：978-7-5207-0719-0
定价：58.00 元

正念领导力：
洞悉人心的管理秘诀

ISBN：978-7-5060-8989-0
定价：49.90 元

性、金钱、幸福与死亡
（精装版）

ISBN：978-7-5060-9148-0
定价：55.00 元

性格与领导力反思

ISBN：978-7-5060-8299-0
定价：49.90 元

领导力与职业生涯反思

ISBN：978-7-5060-8300-3
定价：49.90 元

组织的反思

ISBN：978-7-5060-9399-6
定价：58.00 元

恐惧领导力：
在阁楼里发现夏卡·祖鲁

ISBN：978-7-5060-9389-7
定价：68.00 元

刺猬效应：
打造高绩效团队的秘诀（精装版）

ISBN：978-7-5060-9649-2
定价：68.00 元

有毒的管理者：
高管教练的挑战

ISBN：978-7-5207-0774-9
定价：58.00 元

领导力的奇境历险：
日常生活中的领导力心理学

2019 年 10 月出版